1844

Considérant, Victor

Destinée sociale

Tome 3

DESTINÉE SOCIALE.

III.

IMPRIMERIE DE SAINTE-AGATHE,
A BESANÇON.

DESTINÉE

SOCIALE.

PAR

VICTOR CONSIDERANT,

Capitaine du Génie, ancien Élève de l'École Polytechnique.

TOME TROISIÈME.

PARIS,

A LA LIBRAIRIE DE L'ÉCOLE SOCIÉTAIRE,

Rue de Seine, 10,

ET CHEZ TOUS LES DÉPOSITAIRES DU COMPTOIR CENTRAL DE LA LIBRAIRIE.

M D CCC XLIV.

AVERTISSEMENT.

Cet ouvrage ne devait avoir que deux volumes. La matière s'étant développée au delà des prévisions de l'auteur, et l'*Intermède* ayant augmenté encore le second volume, force a été d'en faire un troisième qui commence au Traité de l'*Éducation*.

La 1re. livraison de ce troisième volume, qui va jusques à la fin du chap. VIII consacré aux *méthodes d'enseignement*, était imprimée déjà avant la composition de l'*Intermède*, et par conséquent avant l'époque de la publication du second volume.

C'est ce qui explique pourquoi la pagination de ce troisième tome continue celle du tome II.

Les questions relatives à l'éducation ayant été soulevées dans le public et devant l'être bientôt encore, à propos de la loi sur la liberté de l'enseignement, on a pensé qu'il pouvait être bon de livrer en ce moment cette partie, depuis si longtemps imprimée, du troisième volume.

Aux réserves de l'Intermède, qui s'étendent sur cette livraison anciennement composée, l'auteur ajoute une observation : c'est que, à l'époque où furent imprimées ces pages, il n'était nullement question de la guerre soulevée par le haut clergé contre l'Université.

Ces mots, *l'éducation universitaire,* servaient alors à caractériser le système d'éducation de la société actuelle. C'est dans ce sens que *l'éducation universitaire* est ici critiquée. On se tromperait donc étrangement si l'on voulait faire peser sur l'Université, au profit de ses adversaires du jour, des critiques dont l'objet est beaucoup plus général. Si le système universitaire est nominativement et spécialement attaqué, c'est qu'il était le seul dont il pût être question il y a dix ans.

Ajoutons, pour être juste, que d'importantes améliorations ont été faites dans l'Université depuis dix ans, et que ce grand corps est véritablement en progrès. La liberté d'enseignement, que quelques-uns de ses membres redoutent à tort, lui sera, nous l'espérons, beaucoup plus utile que funeste, et le fera marcher plus rapidement encore, par le stimulant d'une concurrence utile, dans la voie des améliorations.

Louveciennes, septembre 1844.

TABLE

L'ÉDUCATION.

> Ne faut il pas que, dès sa naissance, l'homme rencontre sous la Loi de Providence une éducation toute puissante de développement ?
>
> Et cette éducation ne consiste-t-elle pas à faire éclore toutes les facultés et instincts dont chaque sujet a été doué par le Dispensateur suprème, pour concourir à l'Harmonie générale, et trouver des jouissances infinies dans l'accomplissement de sa propre Destinée ?
>
> CLARISSE VIGOUREUX.

> L'abeille change tout en miel, et l'araignée en venin. *Proverbe espagnol.*

L'ÉDUCATION.

ARGUMENT.

LA SOCIÉTÉ DOIT L'ÉDUCATION A L'INDIVIDU.

> Par cela seul qu'il existe, l'homme a tous les
> droits qui découlent du fait de son existence,
> c'est-à-dire tous ceux dont il a besoin pour
> vivre d'une manière conforme à sa nature.
>
> HEPP.

C'EST ici que nous aurions encore un compte à régler avec la Civilisation ; car, ici, elle est en si flagrant délit d'absurdité et de malfaisance, que les Civilisés eux-mêmes n'ont qu'une voix pour l'accuser.

Chez nous, d'abord, l'éducation est une EXCEPTION. Sur trente-trois millions d'individus que contient la France, il y en a certes vingt-huit millions, au moins, qui n'ont pas reçu ce que l'on appelle l'éducation. — Dans cette société-ci, vit qui peut, élève ses enfans qui peut. Elever les enfans, c'est la tâche de ceux qui les font; la société ne s'inquiète pas de savoir si ceux qui ont pu les faire, pourront les élever. — Seulement, elle a semé en quelques villes, çà et là sur le grand territoire de France, un certain nombre d'hospices d'enfans trouvés : encore nos savans économistes ont-ils récemment reconnu que cette ombre de prévoyance sociale est mauvaise et funeste chose, que cela augmente le nombre des enfans naturels. Ils prêchent maintenant pour que l'on ferme les portes de ces hospices. Il y aura alors, année commune, moins d'enfans naturels et plus d'infanticides; ce qui constitue un double avantage, — vu les dangers de l'accroissement de population, contre lesquels ils ont encore les belles recommandations de prudence que vous savez. Donc, que l'on ferme les hospices pour les enfans, et que l'on élargisse les prisons pour les mères.... la morale y gagnera, et le bourreau aussi.

Mais je disais qu'en pleine Civilisation et sur toute la surface de la belle France, l'éducation, — ce que l'on appelle éducation, — est un privilége uniquement réservé aux enfans des familles riches ou aisées : les autres, — vingt-huit

millions d'individus sur trente-trois, — sont dé-
pourvus de toute culture. Des populations entières, au sein de la France, ne vous présente-
raient sous ce rapport aucun trait de différence
avec n'importe quelle population barbare.

Que dites-vous de ce résultat, de ce fait de
brutale statistique? Cela vous semble-t-il dans
l'ordre de ce qui doit être? Une société dans
laquelle les humains que l'on élève sont en proportion seulement de cinq sur trente-deux! Et
encore cette éducation exceptionnelle n'est-elle
pas un fait d'institution sociale; c'est un fait purement familial. La loi qui exige que le père
donne à son fils sa fortune, n'exige pas qu'il lui
donne l'éducation.

Quand vous méditez avec le sentiment du bon
et du vrai, quand vous rêvez ce que devrait être
une société humaine, je vous le demande, l'i-
mage évoquée par ce sentiment du bon et du
vrai, — qui est le meilleur juge de tous les deux,
— n'est-ce pas celle d'une mère tendre et prévoyante, qui, à toute la sollicitude de la maternité, joindrait la puissance et la vaste intelligence
dont Dieu n'a pas fait l'apanage de l'individu,
mais de l'espèce; d'une mère qui aurait pour
tous ses enfans le lait de ses mamelles, de douces

caresses, des soins, des secours; qui donnerait à tous, avec amour, aide et protection; qui tous les élèverait, les exercerait, les développerait dans le sens de leurs désirs et de leurs facultés; qui les doterait tous, qui les placerait tous, qui les bénirait tous?...

Oh! la société d'aujourd'hui n'est pas cette mère tendre, bonne, intelligente, prévoyante et secourable! La société d'aujourd'hui, c'est une méchante marâtre, sans cœur et sans entrailles, qui a bien quelques sourires pour un petit nombre de riches, de fainéans et de fripons, mais qui chasse du pied et maudit les grandes légions de ses enfans pauvres, dont les mains sont calleuses, dont le corps se courbe au dur travail. Elle ne leur parle, à ceux-là, que pour leur demander argent, sueurs, sang. Quand sonne pour eux l'âge de vingt ans, elle prend les plus forts, les plus grands, les plus robustes, les mieux venus; elle leur apprend à marcher en ligne sur trois de profondeur, et à se présenter régulièrement à la gueule des canons chargés à mitraille. Voilà la seule éducation dont la société fasse positivement son affaire à l'égard des masses, en tout pays civilisé.

Et puis, à ces pauvres malheureux parias, ton-

dus, écorchés, tués comme des bêtes de somme
ou de boucherie, on parle du respect qu'ils doivent à la société, de l'amour qu'ils doivent à la
patrie. On leur parle bien aussi, par Dieu! de
l'amour de la gloire.... et c'est avec cela qu'on
les fait se ruer par masses compactes sur des re-
doutes garnies, sur des batteries serrées; et quand
ils se sont fait hâcher au nom de la gloire, on
jette têtes, troncs, bras et jambes, des blessés
avec des morts, tout pêle-mêle, dans les grandes
fosses. On recouvre de terre, et c'est fini....
Oui, toute cette morale de devoirs, d'amour de
la patrie, de respect à la société, d'amour de la
gloire; toutes ces saintes cordes du cœur humain,
servant aux classes qui exploitent à entortiller
lâchement leurs victimes, tout cela, pour qui
scrute et voit à nu les choses, est bien odieux
et bien infâme. C'est un grand abusement à la
fois et un grand sacrilége; et ce serait une fière
journée que celle où les masses viendraient à
comprendre ce qu'il y a de peu respectable et
de peu sacré dans tout ce qu'on les a depuis
long-temps façonnées à vénérer....

Je sais bien que cette expression nue et crue
de la vérité soulèvera la colère des hommes méchans qui exploitent avec connaissance de cause,
aussi bien que celle des niais qui ont encore

dans les oreilles les discours de leurs nourrices et de leurs grand'-mères; mais qu'y faire? Il faut les laisser accuser et crier contre les novateurs, qui ne leur parlent pas d'ailleurs d'aller à l'Association par les révolutions, mais bien leur prédisent les révolutions, s'ils n'arrivent pas à l'Association : — ce qui sera pure justice.

La première condition pour que la société ait le droit de réclamer de l'individu amour et respect, c'est d'abord qu'elle se soit mise en frais d'éducation pour lui. Une mère qui abandonne son enfant, n'a pas droit à l'amour de son enfant; elle a droit à sa haine.

La société doit l'éducation a l'individu.

Et maintenant, que doit être l'éducation?

HARMONIE.

TROISIÈME LIVRE.

L'ÉDUCATION, — SUBVERSIVE ET HARMONIQUE.

CHAPITRE PREMIER.

Examen de l'Éducation subversive.

ÉDUCATION PUBLIQUE.

> Otez-moy la violence et la force ; il n'est rien , à mon avis,
> qui abastardisse et estourdisse si fort une nature bien
> née.
>
> . . . .
>
> Cette police de la plus part de nos Colléges, m'a tousiours
> desplu. On eust failly à l'adventure moins domagea-
> blement , s'inclinant vers l'indulgence. C'est une vraye
> geaule de jeunesse captive.... MONTAIGNE.
>
> Je n'envisage pas comme une institution publique, ces
> risibles établissemens qu'on appelle colléges.
>
> J.-J. ROUSSEAU.

Ier.

> On ne cesse de criailler à nos oreilles , comme qui ver-
> seroit dans un entonnoir. MONTAIGNE.
>
> Ces tortures seront-elles éternelles !...
> BYRON.

Tout étant au rebours du bien en Civilisation ,
il arrive non-seulement que l'éducation n'y existe
pas pour les masses, mais encore que l'éducation exceptionnelle de la minorité des privilégiés se fait dans des conditions ridicules et

pitoyables. Il n'y a, comme je le disais, qu'une
voix sur l'absurdité de nos méthodes; mais on
en reste là-dessus à une critique vague, mal
faite, indolente et stérile. Rien n'est misérable
comme les opinions du monde sur l'éducation.
D'abord, c'est une vieille discussion qui est sur
le tapis; aujourd'hui encore on en est à savoir
si l'éducation doit être *publique* ou *particulière.*

Il est bien certain qu'à prendre les choses
telles que nous les avons, chacune des deux
opinions peut trouver de fiers argumens contre
l'autre. Que n'a-t-on pas à dire sur nos pensions
et nos colléges? Tout ce qui y est réglementé
pour l'éducation a atteint le dernier degré de
l'absurde. Un collége!!... Voici des enfans, des
êtres pleins de vie, de séve, avides de joie et
de mouvement; un sang vif et chaud bondit dans
leurs veines : leur nature est toute d'expansion,
elle jaillit au-dehors. Ces troupes d'enfans actifs,
remuans, joyeux, babillards, sont en affinité avec
l'air, le soleil, les grandes herbes des champs,
la liberté, comme les jeunes couvées des fau-
vettes au mois de mai. Certes, les besoins de cet
âge sont faciles à saisir; leurs goûts, leurs penchans, leurs passions sont palpables. Eh bien,
quel compte tenez-vous des impérieuses manifestations de la nature qui parle par ces penchans

et ces goûts? Qu'en faites-vous, de ces enfans? —
Ce que vous en faites? Vous les prenez dès l'âge
de six, sept, huit ans; vous entassez ces frêles
créatures dans des prisons, dans des bagnes, que
vous appelez des colléges; vous les serrez dans
des dortoirs et des salles d'étude nauséabondes,
et dès le jour de leur entrée dans ce lieu fermé
et maudit, vous commencez la torture....

Allons, les bourreaux, préparez les instrumens
de supplice! Ce n'est pas un supplice d'un jour,
ce n'est pas un supplice du corps : c'est un supplice de huit ans, de dix ans; c'est un supplice
du corps et de l'âme à la fois. A l'œuvre, tour-
menteurs, régens, pédans, *vendeurs de soupe,
pions, chiens de cour* (1), et toute espèce d'ar-
gousins préposés à la chiourme! Voici des têtes
blondes et des têtes brunes, des joues fraîches
et rosées : les parens vous ont livré les victimes;
ils vous les ont amenées en troupeaux, par les
jours noirs, bas, humides et froids de la Tous-
saint; ils entrent chez vous avec l'hiver et dans

(1) A ceux qui trouveraient ceci de mauvais goût, je dirai d'a-
bord que ce n'est pas de goût bon ou mauvais qu'il s'agit ici, et
ensuite que ces désignations et mille autres que les élèves appliquent à leurs maîtres de pensions, professeurs, surveillans, etc.,
donnent la plus précise et la plus nette expression de la valeur de
nos méthodes d'éducation. Qu'on essaie de faire une critique plus
forte et plus concise que celle que renferment ces trois mots-là.

la semaine des morts. Et maintenant n'ayez peur
qu'ils échappent, car vos grilles se sont refermées
sur eux, et les murs de vos cours sont trop hauts
pour que, si habiles grimpeurs qu'ils soient, ils
puissent les franchir. C'est du fond de ces cours-là
qu'ils verront désormais le soleil, si encore le
soleil passe au haut de ces cours.

Et vous direz que ce n'est pas la question
qu'ils vont subir pendant huit ans, que ce n'est
pas un supplice, une torture? Comment, grands
sots, imbécilles barbus, qui leur faites traduire
chaque jour de latin en français, de français en
grec et en latin, que la liberté est le premier de
tous les biens, que la mort est préférable à l'esclavage, ce n'est pas un supplice et une torture
que cet emprisonnement de huit années sous
lequel vous les tenez, eux dont les natures vives,
alertes et bouillantes, sentent mieux que vous et
vos vieux Romains le besoin de liberté? Les bancs
de bois sur lesquels vous clouez pour huit ans
ceux pour qui le mouvement est la première
condition de vie, ce ne sont pas des instrumens
de supplice? Et vos rudimens, vos dictionnaires,
vos syntaxes, vos livres lourds et indigestes, toutes
ces belles choses que vous allez vous mettre à
leur faire passer, bon gré mal gré, dans la mémoire; votre science de mots dont vous allez les

gorger ; toute cette métaphysique de règles à
laquelle ils ne comprennent rien, et ne peuvent
ni ne veulent rien comprendre ; tous ces auteurs
latins sur lesquels vous les faites pâlir, et dont
chaque verbe ne leur entre dans la tête, avec
ses étymologies et ses dérivés, que comme un
coin de fer dans le tronc d'un chêne ; toutes ces
inutilités universitaires, fastidieuses et abrutissantes dont vous les bourrez aujourd'hui, par la
seule raison qu'on faisait ainsi sous Charlemagne ; toute cette infâme routine d'éducation,
qui est une honte même pour la Civilisation,
dont chacun sent le vide, l'absurdité, la malfaisance, et qui ne s'en transmet pas moins de
génération en génération ; et puis, vos *pensums,*
vos punitions, vos duretés, vos ridicules caprices,
vos vengeances, — car cela se voit chaque jour,
chaque jour on voit là des hommes exerçant
avec acharnement des vengeances sur des enfans !
— vos vengeances, dis-je, et par-dessus tout vos
sots sermons, vos morales de chaque heure, de
chaque instant !... ah ! vous ne voulez pas entendre que cette éducation-là constitue un supplice long et cruel, et que vous n'êtes pas des
éducateurs, mais des geôliers et des bourreaux ?...

§. II.

Ceux qui, comme nostre usage porte, entreprennent
d'une mesme leçon et pareille mesure de conduite,
régenter plusieurs esprits de si diverses mesures et
formes : ce n'est pas merveille, si en tout un peuple
d'enfans, ils en rencontrent à peine deux ou trois,
qui rapportent quelque iuste fruict de leur discipline.   MONTAIGNE.

Que faites-vous des corps? Que faites-vous
des âmes? Que faites-vous des intelligences? —
Il faut développer, exercer, suivre les vocations
et les attraits naturels, caresser les forces et les
facultés naissantes.... que faites-vous? Dans vos
institutions, où l'on vous jette par fournée la jeunesse à élever, vous avez une règle qui est la
même pour tous, qui ne fait nulle acception des
natures, des forces, des caractères. Vous attelez
brutalement toutes ces intelligences à la même
tâche; vous faites marcher du même pas les longues jambes et les jambes courtes. Ceux qui li-
sent deux fois leur leçon et la savent parce qu'ils
ont la mémoire facile, sont récompensés; et, à
côté, ceux qui l'ont étudiée trois heures et ne
la savent pas, vous les accablez de punitions et
de dures paroles; vous leur dites qu'ils sont des
paresseux et des lâches; vous flétrissez leur âme
par des injures *qui sont très-admissibles et qu'on*

ne réprouve pas, pour ce qu'elles sont adressées par des hommes à des enfans !

En admettant, — ce qui est certes bien contraire à la raison, — que toutes ces sottises, enseignées aux enfans et aux jeunes gens à si grandes doses d'ennui, de peines, de punitions cruelles et abrutissantes, dans les classes, soient des choses utiles et qu'il importe de leur apprendre, est-ce que ces procédés de l'enseignement ne sont pas des monstruosités flagrantes? Cette odieuse égalité de règle, de régime et de tâche, ce mépris des natures individuelles, ne constituent-ils pas une énormité qui stigmatise de la manière la plus éclatante nos procédés d'éducation? C'est au dix-neuvième siècle, si fanfaron et si vantard, que le procédé d'éducation, pour ceux qui peuvent avoir part à ce bienfait, consiste à les priver de leur liberté, à les enfermer dans des prisons jusqu'à seize, dix-huit, vingt-ans; à les contrarier, à les tourmenter de mille manières, jour par jour, pendant les plus belles et les plus ardentes journées de leur vie, et tout cela, pourquoi? — Pour leur meubler la tête d'une foule de bêtises qu'ils s'empresseront bientôt d'oublier, et dont il ne leur restera, après six semaines de vie dans le monde, qu'un profond mépris, bien mérité, pour les dogmes, les maximes, les préceptes et les mœurs de ces personnages des vieilles sociétés qu'on leur a si ridiculement présentés pour modèles, à eux qui doivent vivre dans la France que vous connaissez.

Et cette éducation, je ne saurais trop le redire, n'a qu'une règle brutale pour toutes les natures; même ration pour tous les estomacs, même ration pour toutes les mémoires, même ration pour toutes les intelligences, mêmes études, mêmes travaux. Oh! cela est prodigieux! Mais quel est donc l'éducateur de chiens qui ait la même règle pour ses chiens d'arrêt, ses levriers, ses chiens courans, ses épagneuls et ses dogues de garde? lequel exige de ces espèces diverses des services identiques? Où est le jardinier si rustre, qu'il ne sache, en élevant ses plantes, donner à celles-ci plus d'ombre, à celles-là plus de soleil, à celles-ci plus d'air, à celles-là plus d'eau? En est-il un qui attache à toutes les mêmes tuteurs et les mêmes liens, qui les taille toutes de la même façon et aux mêmes époques, qui ente la même greffe sur tous les sauvageons? — La nature humaine ne vous semble donc pas valoir la nature végétale ou la nature animale, que vous faites moins de façon pour élever des pauvres enfans que pour élever des épinards, des laitues et des chiens?

Voyez ces enfans qu'on amène dans les colléges ; ils diffèrent à mille titres. Ceux-ci sont
colorés, bruns, sanguins ; ils ont du vif-argent
dans les veines, des ressorts d'acier tendus dans
les membres ; c'est le mouvement, la pétulance :
d'autres ont de grands fronts mélancoliques, et
des yeux noirs qui rêvent, — natures d'artistes,
gravitant instinctivement vers les régions vagues
et inconnues de la poésie ; leurs longs regards
s'élèvent et nagent dans les domaines de l'imagination et de l'intelligence ; ils sont de la famille du bel enfant anglais de Lawrence : — là,
vous avez les cheveux forts et crépus, les fortes
volontés, les tempéramens bilieux, les âmes
vigoureuses et trempées dur, dans des corps
qui déjà accusent des formes rudes et carrées :
et à côté, les blonds rosés, aux yeux bleus et
doux, petits garçons timides et féminins, frêles
et délicats, aux formes rondes et molles, pleins
de gentillesse, et tout semblables aux jolies
fleurs qu'ils aiment. Vous trouverez mille natures, mille tempéramens, mille caractères ; car
le genre humain a été créé par excellence riche
en races, en espèces, en variétés infinies. Les
natures et les caractères des enfans des hommes
sont plus nombreux que les couleurs, les reflets
et les formes des fleurs, des oiseaux, des insectes et des pierres précieuses qui brillent dans

la création ; et tous ces caractères sont appelés à étaler chacun leur richesse propre dans la forme harmonienne, comme des rubis, des perles et des diamans enchâssés dans l'or d'une couronne de roi.

Eh bien ! ces centaines de mille enfans, que la Civilisation va éduquer dans ses colléges, y vivent tous courbés sous le même joug : vous voyez, dans les colléges de Paris, infliger la même éducation au Russe et au Brésilien, à l'enfant espagnol et à l'enfant anglais ! mais, encore une fois, les paysans les plus brutes n'attellent pas un bœuf avec un taureau, un étalon avec un hongre, et les uns avec les autres des chevaux de races différentes.... Et nos stupides éducateurs assujétissent aux mêmes dispositions tous les enfans qui leur tombent sous les mains, quoiqu'il soit évident qu'entre telles et telles de leurs victimes, il y a plus de différence qu'entre un cheval et un mouton !

Puis, quand ils sont à l'œuvre, quand régens et pédans travaillent sur cette jeune matière humaine, et que ces êtres, ainsi jetés violemment hors de toutes les attractions, et sentant la pesanteur du joug de plomb qu'ils portent sur le cou, le secouent et se révoltent contre l'aiguillon ;

toutes ces vives protestations de la nature humaine et de la Destinée humaine contre les forces déformatrices, sont traitées par ces maîtres et ces pédans de mauvaises dispositions naturelles, et données en preuve *de la perversité native de la nature de l'homme !*

Oui, oui ! en plein dix-neuvième siècle, vous trouvez encore dans toutes les bouches ces mots : mauvais naturel, mauvais caractères....

§. III.

On dit que plusieurs sages-femmes prétendent en pétrissant la tête des enfans nouveau-nés leur donner une forme plus convenable : et on le souffre ! Nos têtes seraient mal, de la façon de l'Auteur de notre être ; il nous les faut façonner au-dehors par les sages-femmes, et au-dedans par les philosophes. Les Caraïbes sont de la moitié plus heureux que nous.

J. J. Rousseau.

Mauvais naturel ! mauvais caractères !...

Comment, messeigneurs ! ces naturels sont mauvais, ces caractères sont pervers, ces enfans sont des créatures mal faites, parce que leurs estomacs et leurs intelligences ne peuvent pas digérer la nourriture que vous y fourrez de force ! ils sont pervers, parce qu'ils renvoient et rendent tout cela ! parce qu'ils souffrent des poisons que vous les contraignez à prendre ! parce qu'ils ne s'acclimatent pas sous les latitudes universitaires ! parce que, encore, ils se révoltent contre vos tyrannies odieuses et insupportables !! — Ils ne vous écoutent pas, ils vous narguent, ils vous méprisent, ils vous haïssent. Bon ! Ne leur faites-vous pas réciter chaque jour que la haine de la tyrannie est la première vertu ? ne trouvez pas mauvais qu'ils mettent vos leçons en pratique. En ceci, il est vrai, ce n'est pas à vous qu'ils obéissent, c'est à la nature ; c'est elle qui leur révèle la haine et le mépris pour vous, pour se venger de ce que vous la méprisez vous-mêmes.

§. IV.

On nous a tant assujéti aux cordes, que nous n'avons plus de franches allures : nostre vigueur et liberté est esteinte. *Nunquam tutelæ suæ fiunt.*

MONTAIGNE.

Ceux qui ont le plus à souffrir sont ceux qui ont reçu d'en haut les grandes mesures.

ST.-MARTIN.

Les caractères pauvres, vulgaires, les intelligences médiocres, les volontés faibles, dépourvues de réaction, se soumettent moins difficilement que les autres, aux réglemens et

aux dispositions stupides de l'éducation civilisée.
Aussi les *bons sujets* de collége, les écoliers
vertueux, ceux qui sont forts en thêmes, ceux
pour lesquels on n'a pas assez d'éloges, qu'on
propose pour modèles à tous les autres, et qui
ont les prix de bonne conduite, sont-ils assez
généralement des sots fieffés, des francs imbé-
ciles. C'étaient précisément les natures inférieures, ou bien des natures tendres qui ont
faibli, et que l'éducation civilisée a eu pouvoir
de promptement dénaturer...

Mais malheur aux caractères ardens, passionnés, puissans! malheur à ces enfans faits pour
être un jour des hommes prompts pour le conseil
et pour l'exécution! malheur aux natures riches,
énergiques, abondamment douées, qui ne sup-
portent pas la castration! Tout ce qui n'est pas
cire molle et pâte impressionnable, est nécessairement scissionnaire, et fait partie des bandes
de révolte. Ce sont les enfans rétifs à l'éducation
pédagogique, les mutins, les mauvais sujets, les
paresseux, les indisciplinables, la chair à *pensums*, la matière taillable et corvéable à merci.
Pour ceux-là, il n'y a pas assez de paroles insul-
tantes dans le répertoire des régens, pas assez
de punitions et de cachots dans les colléges. —
Puis, quand cette lutte acharnée des maîtres

contre la nature des élèves a aigri et faussé les
caractères ; quand elle a bien développé les
haines et les vengeances ; quand une âme d'enfant
s'est si bien tendue et raidie contre les violences
de chaque jour, qu'il a lassé la rigueur des bourreaux ; quand, dans cette lutte sans relâche et
corps-à-corps d'un enfant contre toute une armée
de pédagogues, l'enfant a déployé un courage,
une persévérance, une force, une ténacité de
volonté à faire honte à tous les hommes d'aujourd'hui, et qu'il est bien reconnu qu'on ne peut
pas ployer et déformer cette nature de fer....
alors toutes les puissances collégiaques ameutées
contre lui décident que cet enfant est un
enfant maudit, indigne de soins et de pitié : et
l'on renvoie ignominieusement l'héroïque enfant
à sa famille, qui se désespère,—chose honteuse !
—d'avoir donné le jour à un pareil monstre...!
— Quel est, je le demande, l'enfant un peu
vigoureux de cœur et d'âme, qui n'ait été traité
de monstre par des parens trompés et des régens
stupides ?...

Va, noble enfant ! le temps de ta délivrance
approche.... tu n'as plus long-temps à sentir
dans ta bouche le mors d'acier qui brise les
dents et déchire les lèvres ; tu n'as plus long-
temps à être traité, par les brutes préposés à ton

éducation, comme une bête brute à dompter.
Et vous, tendres mères, qui pleurez sur vos
fils, calmez vos craintes et vos douleurs, et par
avance réjouissez-vous, car vous n'avez pas en-
fanté des monstres ! Si votre enfant se révolte
contre une éducation monstrueuse, c'est un bon
signe.... réjouissez-vous ! Vous verrez vos enfans
devenir sous vos yeux des hommes utiles, honorables, loyaux; grandir en science, en habileté,
en force et en talens : vous n'aurez plus à gronder,
à punir, à faire pleurer et à pleurer vous-mêmes ;
vous n'aurez à enregistrer pour eux que des joies
et des succès, à distribuer que des baisers et des
caresses. Ah ! si les mères savaient le sort qui attend leurs enfans aimés dans les Phalanges, elles
courraient poser aujourd'hui les premières pierres
des premiers Phalanstères.

Notre siècle sot et vantard a fait grand bruit
de ce qu'il a supprimé la férule dans l'éducation
et les colléges. Voilà, en vérité, une belle avance!
Éducateurs, avez-vous supprimé dans vos éducations la contrainte, la violence, la douleur? La
férule n'était qu'une des formes de votre procédé
d'éducation, qui est toujours le même, toujours
la contrainte, la violence, la douleur. Est-ce que
toutes vos punitions ne sont pas des férules? Est-ce
que vous n'excitez pas toujours les souffrances et

les réactions, depuis la suppression de la férule ?
Chose indigne ! on inflige encore aux enfans, aux
jeunes gens, des punitions infamantes : on les
met à genoux ; on veut avilir et dégrader les âmes,
non content d'étioler les intelligences. Misérables ! qui osez toucher des âmes d'enfant avec la
honte, comme des épaules de forçats avec un
fer rouge !... (1)

Heureusement ici vous êtes impuissans et vaincus ; car vos punitions ne constituent pas aux

(1) Quelle honte pour nous que ce mode odieux d'éducation,
quand on songe qu'à cet égard nous en sommes à cent degrés au-
dessous des anciens, dont on méprise si fort aujourd'hui les institutions au nom du *progrès ;* quand on songe encore que Montaigne,
il y a bientôt trois siècles, écrivait déjà les lignes suivantes, et que
notre système d'éducation est toujours le même qu'au temps de
Montaigne.

« Au lieu de convier les enfans aux lettres, on ne leur presente,
» à la verité, qu'horreur et cruauté. Ostez-moy la violence et la
» force ; il n'est rien, à mon advis, qui abastardisse et estourdisse
» si fort une nature bien née. Si vous avez envie qu'il craigne la
» honte et le chastiment, ne l'y endurcissez pas. Endurcissez-le
» à la sueur et au froid, au vent, au soleil, et aux hazards qu'il luy
» faut mespriser. Ostez-luy toute mollesse et delicatesse au vestir et
» coucher, au manger et au boire : accoustumez-le à tout : que ce
» ne soit pas un beau garçon et dameret, mais un garçon verd et
» vigoureux. Enfant, homme, vieil, i'ay tousiours creu et ingé de
» mesme. Mais entre autres choses, ceste police de la plus part de
» nos colléges, m'a tousiours despleu. On eust failly à l'adventure
» moins dommageablement, s'inclinant vers l'indulgence. C'est
» une vraye geaule de ieunesse captive. On la rend desbauchée,

yeux de la population à laquelle vous avez à
faire, un titre de honte, mais de gloire. Quoi que
vous fassiez, voyez-vous, ces enfans sont vos
supérieurs; leurs jugemens redressent les vôtres.
Ceux que vous accablez de punitions et d'in-
sultes, eux, ils les portent en triomphe. Ceux
que vous désignez à leurs parens comme sujets
indisciplinables, caractères monstrueux, *enfans
qui finiront mal*, ceux-là sont aimés et priment

» l'en punissant avant qu'elle le soit. Arrivez-y sur le poinct de
» leur office, vous n'oyez que cris, et d'enfans suppliciez, et de
» maistres enyvrez de leur cholère. Quelle manière, pour esveiller
» l'appétit envers leur leçon, à ces tendres ames et craintives,
» de les y guider d'une troigne effroyable, les mains armées de
» foüets? inique et pernicieuse forme! Ioint ce que Quintilien en
» a tresbien remarqué, que ceste imperieuse authorité, tire des
» suittes perilleuses : et nommément à nostre façon de chastiment.
» Combien leurs classes seroient plus decemment ionchées de fleurs
» et de feüillées, que de tronçons d'osiers sanglants? i'y feroy
» pour traire la ioye, l'allegresse, et Flora, et les Graces : comme
» fit en son eschole le philosophe Speusippus. Où est leur profit,
» que là fust aussi leur esbat. On doit ensucrer les viandes salubres
» à l'enfant, et enfieller celles qui sont nuisibles. C'est merveille
» combien Platon se monstre soigneux en ses loix de la gayeté et
» passe-temps de la ieunesse de sa cité : et combien il s'arreste à
» leurs courses, ieux, chansons, saults et danses : desquelles il
» dit, que l'antiquité a donné la conduite et le patronnage aux Dieux
» mesmes, Apollon, aux Muses et Minerve. Il s'estend à mille
» preceptes pour ses gymnases. Pour les sciences lettrées, il s'y
» amuse fort peu : et semble ne recommander particulièrement la
» poësie que pour la musique. »

Essais de Montaigne, liv. 1re., ch. xxv.

parmi leurs camarades. Mères, qui vous désolez
sur les mutineries de vos enfans, sur leur indo-
cilité, leur obstination à ne rien faire et à narguer
leurs geôliers, allez demander l'opinion des camarades : ils vous apprendront que vos fils sont
intelligens, adroits, courageux, forts contre la
douleur, et bons camarades; qu'ils se battent
contre les forts pour défendre les faibles, qu'ils
se font redresseurs de torts et d'injustices, qu'ils
sont rois aux jeux comme aux mutineries et aux
révoltes; qu'ils sont fidèles, entreprenans, aimés.
Or, sachez que la nature n'a pas donné aux
caractères inférieurs puissance d'exercer ainsi
charme et ascendant sur les autres, et qu'il n'y
a de déplorable que cette fatale éducation civilisée qui heurte sans intelligence, méconnaît et
fausse brutalement les vives et nobles facultés,
méchante éducation aveugle, qui enfouit dans son
fumier les belles perles et les beaux diamans.

§. V.

Hélas! les meilleurs amis des enfans sont parfois comme l'hydrogène, dont la flamme éteint tout autre feu........ leur maxime, rigoureusement suivie, produirait des êtres mous et dociles à l'excès; la sève humaine s'éteindrait sous l'enveloppe morbide; réduit aux fonctions d'une terre labourable, l'enfant serait à jamais privé du souffle divin........ La coutume des Lacédémoniens, de faire mourir les enfans difformes, n'était guère plus barbare que celle qui consiste à rendre les esprits cacochymes.

JEAN PAUL.

Certes, nous le rendons servile et coüard, pour ne luy laisser la liberté de rien faire de soy.

MONTAIGNE.

Mais, ce qui est triste, profondément triste pour quiconque porte en son cœur le haut et religieux sentiment de la sainteté de la nature humaine, ce sont les victoires de l'éducation civilisée, plus encore que ses luttes cruelles; c'est lorsque, sous le fardeau croissant des punitions et des moralisations accumulées, la nature de l'enfant faiblit et plie, que le caractère cède, que l'âme demeure paralysée et perclue, qu'il y a prostration de toutes forces natives.... Quand ils ont atteint ce résultat, quand ils ont usé toutes les arêtes, détendu tous les ressorts, et façonné à leur discipline une nature ainsi débilitée et avachie, un enfant châtré.... quand ils ont éteint le feu qui s'échappait des yeux, et plié sur un Rudiment de Lhomond une tête hébétée qui naguère se dressait fière et fougueuse; quand ils ont fait au physique et au moral de vrais énervés de Jumiège, alors ils s'applaudissent, ils triomphent, ils écrivent aux parens qu'ils sont enfin parvenus à vaincre le mauvais naturel de leurs fils, que c'est fini, qu'il est dompté.... C'est un jour de fête dans la famille. Quelle bonne nouvelle, en effet? c'est fini, notre fils est dompté! — Oui, c'est fini, oui, ils ont bien dit, il est dompté votre fils; oui, l'homme est tué chez votre enfant, c'est fini. Réjouissez-vous; il menaçait d'être un homme, on vous en a fait un épicier : ce sera un garde national zélé, bon père, bon époux, bon citoyen, faisant bien son commerce, sot comme père et mère, et qui, un jour, bien enveloppé et serré dans son étroit égoïsme, bien dorloté dans son ménage, bien mijoté par sa femme qui le mènera, bien stupide, se réjouira aussi quand on lui ramènera du collége, *bien domptés*, les enfans de sa femme, qu'il appellera ses chers enfans, car il aura toutes les grâces de l'état.

O nature humaine, belle et brillante nature humaine! Noble face humaine, rayonnante, faite à l'image de Dieu, que Dieu avait créée haute et droite, et tournée vers le soleil : belle nature hu-

maine, qu'a-t-on fait de toi, qu'a-t-on fait de toi !
— Comme on t'a courbée sur la terre ! comme
on t'a faite semblable aux animaux qui broutent,
et comment voir dans ces troupeaux de Civilisés,
le type humain des premiers jours !... Oui, certes,
il faut qu'il y ait dans la race de l'homme une
bien puissante et divine virtualité, pour que ce
type ne soit pas oblitéré dans la race, pour que
la race ne soit pas descendue aux vies inférieures,
qu'elle ne se soit pas abîmée dans les dégéné-
rescences, pour que les enfans qui naissent aujourd'hui des hommes soient encore des enfans
de race intelligente, ordonnatrice et royale....
O société perverse ! ô perverse éducation, chargée
de déformer l'homme pour le façonner à cette
société !!

Nos méthodes d'éducation sont en arrière sur
notre Civilisation elle-même ; car on conçoit que,
si l'éducation ne peut pas être, dans les circonstances actuelles, une éducation de développement intégral, au moins pourrait-on rendre
l'étude moins répugnante, comme l'école mutuelle l'a prouvé d'une façon éclatante : on pourrait aussi changer la nature des études, et substituer au moins quelque chose d'utile à cette infâme routine universitaire, à cette science de
mots, à ce fatras de faussetés et de sottises, à ces

choses sans nom : mais la Civilisation, bonne mère
de tous les vices, et protégeant spécialement la
routine, étoufferait long-temps encore nos enfans
avec son latin, son grec, ses Dieux et ses Déesses,
et toutes les belles choses de Sparte et de Rome,
fausses sans contredit en majorité de neuf sur dix,
ce qui importe peu, du reste. — Il faudrait mille
ans pour substituer à ces sottises malfaisantes
l'étude de la physique, de la chimie, de l'histoire
naturelle, des mathématiques, des sciences posi-
tives enfin, des arts, des lettres, et.... de sa langue,
que l'on ne sait aucunement en sortant de nos
colléges ; — *et ce ne serait pas encore là une bonne
éducation.*

J'ai donc signalé quelques vices de notre éducation publique ; cela aurait-il paru à un partisan
de l'*éducation particulière,* un argument en faveur
de ce dernier système ?

CHAPITRE DEUXIÈME.

Examen de l'Éducation subversive.

ÉDUCATION PARTICULIÈRE.

Toute notre sagesse consiste en préjugés serviles :
tous nos usages ne sont qu'assujétissement, gêne
et contrainte ; l'homme civil naît, vit et meurt
dans l'esclavage : à sa naissance on le coud dans
un maillot, à sa mort on le cloue dans une
bierre ; tant qu'il garde la figure humaine, il est
enchaîné par nos institutions.

J.-J. ROUSSEAU.

§. I.

Condillac ne forma qu'un cretin politique, et
Rousseau n'osa pas essayer l'éducation de ses
propres enfans. Bien sage fut-il, car il aurait sans
doute réussi comme Cicéron, qui entremit toute
la docte séquelle d'Athènes et de Rome pour faire
de son fils le plus nul des êtres, un idiot dont
l'unique relief se borna à porter le nom de
Cicéron, hériter de son immense fortune, et
avaler une cruche de vin en une seule gorgée.

CH. FOURIER.

D'ailleurs, j'ai déjà observé que tout père n'a pas
cinquante mille livres de rentes.

CH. FOURIER.

L'ÉDUCATION PARTICULIÈRE ! Mais où donc ont-ils mis leur intellect, où ont-ils placé leur part de bon sens naturel, ceux qui se font les apôtres de l'éducation particulière, qui la défendent comme pouvant constituer un système d'éducation ?

Qu'un homme riche, préoccupé de la crainte de certains désordres de notre éducation publique (et ils sont en nombre si grand, que nous ne pourrions pas même les passer en revue ici); que cet homme, dis-je, préfère être lui-même le pédagogue de son fils, ou qu'il lui en paie un dans sa maison, je le conçois. On peut choisir entre des infirmités nécessaires : les uns aimeront mieux un enfant borgne, les autres un enfant bossu ; les uns l'enverront au collége, les autres l'élèveront chez eux. C'est bien. Mais que l'on soutienne spéculativement et systématiquement l'éducation particulière, qu'on écrive des théories sur ce sujet, ceci est hors de toute raison.

Vous voulez spéculer sur l'éducation particulière pour élever les humains ? Mais, à ce compte, il faudrait donc que la première génération fût entièrement absorbée aux soins d'élever la seconde ! A peine un homme cesserait d'être élève, qu'il deviendrait éleveur ! Il n'y aurait plus qu'un état au monde, celui de pédagogue, et encore serait-ce loin de suffire à l'éducation de tous les enfans, puisque la vie moyenne n'est pas seulement le double de l'âge où cesse l'éducation.

Il y a un homme qui s'est chargé de faire la plus forte et la plus plaisante critique qui se puisse imaginer de l'éducation particulière ; cet homme, c'est Rousseau ; cette critique, c'est l'Emile.

Et cependant Rousseau n'a pas fait Emile comme une critique ! Quand on songe qu'il y allait bon jeu, bon argent, on ne sait vraiment ce que l'on doit le plus admirer, ou du jugement de ceux qui se sont engoués d'un pareil système, ou de l'outrecuidance philosophique dont il fallait que Rousseau eût provision pour écrire quatre volumes sur ce système, dont son bon sens naturel lui révélait à chaque instant les contradictions et les absurdités.

« Plus on y pense, » s'écrie Rousseau, à mesure qu'il passe en revue les conditions nécessaires à l'éducation de son marmot, « plus on
» aperçoit de nouvelles difficultés ; il faudrait
» que le gouverneur eût été élevé pour son élève,
» que les domestiques eussent été élevés pour
» leur maître, que tous ceux qui l'approchent
» eussent reçu les impulsions qu'ils doivent lui
» communiquer ; il faudrait, d'éducation en édu-
» cation, remonter jusques on ne sait où. Comment
» se peut-il qu'un enfant soit bien élevé par qui
» n'a pas été bien élevé lui-même ? »... « Ce rare
» mortel est-il trouvable ? je l'ignore », ajoute-t-il plus loin, en parlant du précepteur d'Emile. « Le

» tiendrons-nous (l'enfant) dans le globe de la
» lune, dans une île déserte? l'écarterons-nous
» de tous les humains? n'aura-t-il pas continuel-
» lement dans le monde le spectacle et l'exemple
» des passions d'autrui?...» Que dites-vous d'un
Rousseau, qui comprend si bien l'impossibilité
du système qu'il rêve, qui le dit si bien et si
clairement, — et cela non pas une fois, mais cent,
mais à chaque page, — et qui n'en fait pas moins
quatre volumes compactes pour le soutenir?
Rousseau, dans ce même Emile, a dit ceci :
« Il n'y a pas un philosophe qui, venant à con-
» naître le vrai et le faux, ne préférât le men-
» songe qu'il a trouvé, à la vérité découverte par
» un autre. Où est le philosophe qui, pour sa
» gloire, ne tromperait pas volontiers le genre
» humain? » — Dans un livre pareil, une con-
damnation pareille est au moins curieuse.

Que vous semble de l'éducation particulière
considérée comme un système d'éducation? Rousseau lui-même ne sait pas s'il existe un *seul
homme au monde* capable de conduire une éducation, ni un lieu où elle se puisse faire !

Du reste, le bon sens natif de l'homme est à
chaque pas en contradiction avec les vues systé-
matiques et arbitraires du philosophe. Vous

venez de voir son bon sens lui révéler ce principe vrai, que l'éducation de l'enfant, pour être bonne et heureuse, doit se faire dans un milieu ambiant convenablement préparé : Rousseau posant ce principe, c'est l'homme d'intelligence écoutant son instinct du vrai : Rousseau s'entêtant, après avoir accepté ce principe, à construire un système d'éducation pour un enfant isolé, placé en milieu civilisé, c'est Rousseau faussé par les traditions et les préjugés, c'est Rousseau le sophiste, Rousseau le philosophe. Son livre n'est qu'un tissu, en quatre volumes, de contradictions analogues ; c'est la raison naturelle aux prises avec de fausses institutions, et se laissant mettre la chaîne au cou en grondant et grinçant les dents, comme un lion dompté, mais non apprivoisé ; c'est l'homme aux prises avec le philosophe, l'Harmonien avec le Civilisé, le bon sens natif avec les idées reçues ; c'est l'inspiration bridée par la routine.

Ensuite, il faut une fortune de *cinquante mille livres de rente* pour penser à se mettre en devoir d'accomplir ce genre d'éducation ! aussi est-ce quelque chose de risible, que le ton fier et démocratique avec lequel Rousseau débute dans son cinquième livre, en écrivant : « *Puisque notre* » *jeune gentilhomme*, dit Locke, *est prêt à se*

» *marier, il est temps de le laisser auprès de sa*
» *maîtresse.* Et là-dessus il finit son ouvrage. Pour
» moi, qui n'ai pas l'honneur d'élever un gentil-
» homme, je me garderai d'imiter Locke en
» cela. » — Vraiment ! eh ! si ce n'est un gentilhomme que vous élevez, citoyen républicain de
Genève, c'est donc alors le fils de quelque traitant, d'un homme de finance, d'un bourgeois
millionnaire ? C'est bien la peine de prendre vos
airs, et de traiter dédaigneusement l'aristocratie
nobiliaire, pour vous mettre en frais de cinq livres
d'éducation à l'adresse de l'aristocratie financière !
D'ailleurs, il ne s'agit pas de faire fi ! de l'enfant
du gentilhomme ; si votre système d'éducation
est bon, pourquoi le fils du gentilhomme ne
participerait-il pas à ses bénéfices ? faudra-t-il
donc que le gentilhomme dise au fier bourgeois
philosophe, comme, en temps de république,
M. de Montmorency, je crois, à son perruquier
qui le traitait par trop cavalièrement : « *Mais,*
citoyen, nous sommes égaux...? »

§. II.

> Le plus souvent l'éducation cherche moins à déve-
> lopper les facultés des enfans, qu'à assurer le
> repos des maîtres par une discipline sévère.
>
> JEAN PAUL.

> Nostre ame ne branle qu'à credit, liee et contrainte
> à l'appetit des fantaisies d'autruy, serve et cap-
> tive sous l'authorité de leurs leçons.
>
> MONTAIGNE.

Pour faire œuvre sociale et vraiment philosophique, — dans l'acception étymologique du
mot, — il faut spéculer sur l'éducation générale.
Il ne s'agit pas de l'enfant de telle ou telle classe,
du fils de celui-ci, de la fille de celle-là. L'éducation sociale doit aller à tout, opérer tous les
développemens. La nature distribue les caractères aux enfans des hommes, indépendamment
du rang et de la fortune de leurs parens. Il n'y a
pas de relation entre les caractères naturels et les
catégories sociales. La première condition pour
qu'un système d'éducation soit bon, c'est-à-dire
dans l'ordre de la Destinée humaine, c'est qu'il
soit universel et applicable à tous les individus :
aussi un système qui exige une grande fortune
particulière, un éducateur pour chaque enfant,
et mille circonstances exceptionnelles, est-il nécessairement hors de l'Ordre universel, et par conséquent mauvais *à priori*, mauvais même pour les
êtres sur lesquels on parviendrait à le pratiquer.

La nature proteste contre ce système d'éducation particulière, que le raisonnement culbute si facilement : le premier, le plus énergique besoin de l'enfant, c'est celui de la compagnie de ses semblables. L'enfant recherche l'enfant ; longtemps avant de parler, il manifeste déjà cette vive attraction en tendant ses petits bras et souriant aux êtres de son âge. Quand vous isolez un enfant, quand vous le sevrez de la compagnie des autres enfans, vous enlevez de sa vie la joie et le franc rire ; c'est une plante exotique abandonnée seule dans une serre chaude. Qu'a donc fait cet enfant, pour être ainsi traité comme un pestiféré enfermé dans un lazaret ?

Fût-il élevé par les parens les plus tendres, le sort de l'enfant isolé est triste, et l'enfant est à plaindre. Fourier, dans les vingt pages pleines d'une poésie si haute et si vraie, qu'il a consacrées à quelques études d'*Analogie naturelle*, nous a donné en peu de lignes un bien ressemblant portrait de ce pauvre martyr de ses Attractions, privé d'air, de bruit, de joie, des vives affections de son âge :

« La groseille épineuse, à fruits isolés, dépeint l'enfant contraint, privé de plaisirs, harcelé de morale, et élevé isolément aux études. Son emblême ne donne qu'un fruit de pauvre espèce, *violet pâle*, couleur d'amitié avortée, dont on gêne l'essor chez cet élève, en l'isolant de ses camarades. Ces enfans boursouflés de préceptes et d'études prématurées, deviennent pour l'ordinaire de médiocres sujets. Aussi le fruit hiéroglyphique n'est-il, malgré sa belle apparence, qu'un produit de peu de valeur, gonflé de sucs fades et de graines superflues, comme les enfans qu'on surcharge d'enseignement mal digéré. Ce groseiller est épineux, en signe de la gêne des malheureux enfans qu'il dépeint. »

Traité de l'Association, tom. 1, p. 526.

Ainsi, tous les reproches que nous avons faits à notre éducation publique tombent d'aplomb et plus lourdement encore sur nos éducations particulières. C'est toujours le même mépris des vocations, des facultés, des Attractions natives : c'est toujours un régime qu'on impose, des études absurdes à digérer, une nature individuelle qu'on emboite, bon gré mal gré, dans une méthode. Ici la contrainte est plus active et continue ; c'est une tyrannie sans repos, dont les yeux sont toujours ouverts, un pédagogisme acharné auquel l'enfant n'échappe pas une minute, pauvre enfant gardé à vue par un précepteur, par un être qui ne peut pas s'égayer de ses jeux, que le bruit fatigue, qui gronde, fait apprendre des leçons, moralise, sermonne, punit.... Deux êtres séparés par un abîme de vingt, trente ans, quarante ans, — qui n'ont rien de commun : deux espèces différentes, que la Civilisation juxta-pose comme deux forçats accouplés, pour le malheur de tous les deux ! — Ah ! ce n'est pas merveille, que la

nature morale et physique de ces enfans soit
appauvrie, qu'ils soient gauches, guindés, com-
passés, tristes. Ce ne sont pas des enfans; c'est un
produit d'éducation civilisée qui n'a pas de nom.

Au collége, au moins, la surveillance n'est pas
aussi soutenue et vétilleuse; ce n'est pas un
combat corps à corps et sans relâche; l'enfant
n'est pas si rudement garotté dans le maillot pédagogique; la chaîne attachée au cou de l'esclave
est plus longue; tous ses mouvemens ne sont pas
inévitablement suivis par l'œil froid et sévère du
gardien : et puis, il y a les heures de récréations,
et à ces heures les joies de la camaraderie, les
mouvemens libres à l'air, les jeux et les ardeurs,
les ambitions, les affections, les développemens
que comporte le milieu, et que nous avons anté-
rieurement examinés. Certes, tout cela est in-
complet et souvent faux, nous le savons mieux
que personne, mais au moins est-ce quelque
chose; c'est moins de souffrance et plus de développemens; ce sont des affections, des heures
de joie, des caractères qui se forment à la vie,
quelques accords qui se répondent, quelques
fleurs qui s'épanouissent. Aussi, en sortant du
collége est-on sociable, simple, rond et facile à
vivre; tandis que les produits de l'éducation particulière sont en général des caractères aigris, des

êtres égoïstes, vains, présomptueux, bouffis d'orgueil, et se superposant sottement à tout, parce qu'ils ne se sont frottés à rien. — Toutefois, je prie qu'on le remarque, ce que je signale de bien dans l'éducation de collége, c'est uniquement ce qui résulte spontanément du contact réciproque des natures mises en présence : presque tout ce qui appartient aux institutions, aux arrangemens pédagogiques, est funeste, absurde et délétère.

En résumé, le collége c'est la prison, mais avec la réunion des prisonniers et la descente plusieurs fois par jour au préau; — l'éducation isolée, c'est le prisonnier au cachot, au secret : — en tout cela, douleurs, contrainte, natures faussées ! L'éducation civilisée, c'est l'apprentissage, l'école pratique du malheur; la Civilisation ne saurait s'y prendre trop tôt pour y former les hommes!...

§. III.

> Mon but est de faire respecter la dignité de la nature humaine, et de terrasser les affreux préjugés qui empoisonnent notre existence et qui la privent des vrais plaisirs.   J. DE MULLER.

Sans doute, comme la plupart de nos critiques, la critique que je viens de diriger sur les méthodes de l'éducation civilisée paraîtra exagérée à beaucoup de gens habitués à accepter sans réflexion et sans examen ce qui existe, et à s'en contenter. Il est certain pourtant que je n'ai pas atteint l'expression de leur haut degré de malfaisance ; mais il est certain aussi que ce mal ne peut être conçu que par qui a la vive perception du bien contraire. Il faut comprendre que nous vivons dans un bourbier social. Au milieu des eaux croupissantes, au sein d'une atmosphère depuis long-temps infectée, nous avons les sens émoussés, l'odorat fait à ces odeurs délétères, et ceux-là seuls qui ont monté sur les hauteurs où l'air est pur, peuvent apprécier le degré de méphitisme des couches inférieures. — Là où les Civilisés disent, c'est exagéré, les Harmoniens diront, c'était bien adouci.

Quoi qu'il en soit, cette critique est loin d'être complète. Un aussi vaste et important sujet demanderait des volumes pour être exploré, et nous avons montré seulement la cause fondamentale de la malfaisance absolue de nos systèmes dans le fait d'arbitraire, de mépris des natures, et de contrainte qui les domine. Nous avons fait voir que notre procédé d'éducation peut se traduire ainsi : arracher les jeunes générations à leurs vocations naturelles ; leur imposer des études fastidieuses, dont les sept huitièmes n'ont pas même l'excuse d'une utilité réelle ; provoquer d'inévitables manifestations de répugnances ; accuser ces manifestations et punir. On veut atteindre des résultats contradictoires aux Destinées par des voies répugnantes aux natures; et comme les natures résistent et se révoltent, on en conclut que les natures sont mauvaises, et on sévit contre elles; de sorte que, — tant l'esprit humain est aveuglé ! — le plus haut problème de l'éducation morale consiste dans l'art de *façonner* les caractères, de les ployer aux choses, de *dompter le naturel.* — « Je ne connais qu'un bon éducateur, » me disait un jour un logicien qui raisonnait très-juste par rapport au milieu civilisé, « je ne connais qu'un bon éducateur, c'est Martin. » — C'était *Martin des lions* dont il entendait parler. Faites donc une critique plus acérée de notre éducation et de l'ordre de choses qui l'exige.... Ce père parlait à propos de son fils.... — Dites que j'ai exagéré !

Est-il nécessaire maintenant d'expliquer que ceux qui verraient, dans la critique précédente, une diatribe allant aboutir directement sur la *personne* de nos magisters, instituteurs, professeurs, précepteurs, etc., verraient de travers, et qu'il ne s'agissait pas pour moi de faire tomber le blâme sur les individus, mais sur les institutions qui mettent les individus en jeu. — J'ai person-

nifié dans le pédagogue l'éducation qui fausse,
vexe l'enfant, et garotte misérablement la nature qu'il faudrait développer, comme j'ai per-
sonnifié le commerce anarchique et mensonger
dans le marchand qui surfait, trompe, écorche,
comme on personnifie la guerre dans le soldat, etc.
C'est une figure de rhétorique dont je savais le
nom au collége.

Le soldat français tue des Russes; le marchand
s'enrichit sur les chalans; l'éducateur sermonne,
punit, fausse et vicie les natures; l'agent de police passe sa vie dans les fanges; la fille de joie vit
dans la crapule et meurt dans la boue; le gendarme
empoigne; le bourreau fait jouer sa mécanique;
le procureur du roi la pourvoit.... Ce qu'il y a
d'odieux dans tout cela n'est nullement, en fait,
imputable à l'individu. Changez l'arrangement
des choses, tout cela disparait, tous ces odieux
costumes civilisés tombent, et l'homme reste.

Il faut s'attacher à l'esprit, et non à la lettre.
Encore une fois, je n'écris que pour les gens
intelligens qui ont bonne volonté. Que les gens
obtus laissent ce livre, que les ergoteurs passent
leur chemin. Il en est beaucoup que l'on asso-
ciera et dont on fera le bonheur sans qu'ils aient
été forcés de comprendre préalablement la science

du bonheur et la théorie de l'Association. On peut
se chauffer au soleil sans connaître le système du
monde ; on dîne bien sans savoir la chimie et la cuisine ; on digère son dîner sans être physiologiste.

Le sens de ma critique est si éloigné d'être
personnel et d'aller aux individus, que j'ai de
très-bons amis dans l'enseignement, que j'ai
conservé dans le cœur gratitude et affection pour
la plupart de ceux qui ont travaillé à me fausser
en mon temps de collége, et que je suis, enfin,
fils et frère de professeur. Plût au ciel seulement
que mon père vécût, et que je pusse lui faire
hommage de cette critique ! il eût certainement
été, lui professeur, le premier à l'accepter.

Un système d'éducation, dans lequel les
maîtres sont appelés par leurs élèves, *pions, chiens
de cour,* etc., est évidemment répugnant, et,
par le fait, faux et absurde en soi. Les enfans
sont les êtres dépendans, les victimes ; c'est à
eux que l'on inflige cette éducation répugnante :
voilà le fait saillant de la critique ; c'est pour
cela, en premier lieu, que l'éducation est mauvaise, parce qu'elle fait souffrir l'être à élever,
qu'elle le détériore au lieu de le développer :
elle est mauvaise ensuite, parce qu'elle fait souffrir
l'éducateur lui-même. — Il y a des gens qui di-

sent : « Bah ! si les enfans souffrent, les maîtres et les parens ont aussi à souffrir.... » Puis ils en restent là ; ils ont tout dit ; le mal des uns leur semble *compenser* le mal des autres ; s'ils croient qu'il y a équilibre ou à-peu-près, c'est tout ce qu'il leur faut ! — Eh ! certainement, un des plus misérables sorts de Civilisation est celui de *maître d'études,* par exemple, dans un grand collége ; j'en conviens mille fois ; mais ceci est un complément de critique ; c'est une nouvelle face du mal : moi, j'ai surtout insisté sur la plus importante. Tous les jours on plaint les parens, les maîtres, les instituteurs, et ils se plaignent entre eux d'avoir à faire à des enfans qui leur donnent *tant de maux :* moi aussi je les plains ; mais je plains surtout les enfans qu'on ne s'avise pas de plaindre, et qui sont ici les premières et les plus intéressantes victimes. — Et puis, je fais mieux que plaindre les uns et les autres, car ma critique, — comme toutes nos critiques, — n'a qu'un but, un seul, c'est de faire vivement sentir le mal, pour provoquer l'application du remède. — Ce qui met de l'amertume dans notre critique, c'est un haut sentiment humanitaire, n'en déplaise à ceux qui ne comprennent pas cela. — La véritable philantropie ne consiste point à dire des sentimentalités philantropiques, et à conter des fadeurs à l'humanité.

CHAPITRE TROISIÈME.

Conditions générales de l'Éducation.

> L'éducation unitaire doit élever les hommes aux perfections du corps et de l'âme. Nos instituteurs, armés de fouets, de palettes et d'abstractions métaphysiques, savent former des Nérons et des Tibères : laissons-leur ce honteux talent, fruit de l'éducation *partielle simple*, et étudions le système d'éducation *intégrale composée*, qui saura, d'un Tibère et d'un Néron, pris au berceau, former un monarque plus vertueux que les Antonins et les Titus.
>
> Ch. Fourier.

§. Ier.

> Qu'en résultera-t-il pour l'éducation ? Des élèves bariolés.
> Jean Paul.

> Tout cet échafaudage d'institution civilisée n'est qu'un choc d'élémens inconciliables, un assemblage monstrueux de toutes les duplicités d'action.
> Ch. Fourier.

Nous nous sommes attachés jusqu'ici à la partie officielle de l'éducation, à l'éducation pédagogique : le mot éducation a pourtant un sens général beaucoup plus large que la signification restreinte dans laquelle on l'enclave d'ordinaire.

On doit entendre par éducation l'ensemble des circonstances qui agissent sur l'individu, qui le modifient d'une manière quelconque. Rousseau, qui savait fort bien poser de bons principes généraux, quoiqu'il leur fût toujours inconséquent deux lignes après, l'a parfaitement reconnu :

« L'éducation nous vient de la nature, ou des hommes, ou des choses. Le développement interne de nos facultés et de nos organes est l'éducation de la nature ; l'usage qu'on nous apprend à faire de ce développement, est l'éducation des hommes ; et l'acquit de notre propre expérience sur les objets qui nous affectent, est l'éducation des choses.

» Chacun de nous est donc formé par trois sortes de maîtres. Le disciple dans lequel leurs diverses leçons se contrarient, est mal élevé, et ne sera jamais d'accord avec lui-même ; celui dans lequel elles tombent toutes sur les mêmes points, et tendent aux mêmes fins, va seul à son but et vit conséquemment. Celui-là seul est bien élevé. . . . .

» Puisque le concours des trois éducations est nécessaire à leur perfection, c'est sur celle à laquelle nous ne pouvons rien qu'il faut diriger les deux autres. »

Émile, liv. 1.

Cette dernière conséquence est inévitable ; il est clair comme le jour que l'éducation doit être Unitaire, et de plus, qu'elle doit se faire conformément à la nature. Or, voulez-vous juger l'éducation civilisée en vous plaçant au point de vue de cette condition de l'*Unité des impulsions ;* voyez, je cite Fourier. Voici la tête du chapitre avec son titre :

QUADRILLE DE CONFLIT EN ÉDUCATION CIVILISÉE.

(Traité de l'Association domestique, tome 2, p. 284.)

« *Par diversion, plaçons ici le tableau d'un équilibre à la mode civilisée : c'est tout à point un sujet d'entr'acte, propre à confirmer que nos régénérateurs sont partout au superlatif de perfection idéale, et au superlatif de dépravation réelle.*

» *On sait quelle est leur fécondité en illusions de balance et contre-poids, leur intelligence à nous donner :*

» *En finance, des équilibres de colonnes de chiffres, à défaut de comptes exacts ;*

» *En constitution, des équilibres de droits et de pouvoirs, à défaut de libertés réelles ;*

» *En économisme, des équilibres de balance commerciale, à défaut de richesse effective ;*

» *En morale, des équilibres d'abstractions et de perfectibilités, à défaut de bonnes mœurs.*

» *Leur talent est de même force en éducation, où nous pouvons analyser une quadruple collusion d'enseignemens divergens,* donnés au même élève. *Le tableau serait plaisant, si les résultats n'en étaient déplorables. Il va confondre le régime civilisé, en l'opposant à lui-même.*

» Nos politiques, si exigeans sur l'unité d'action, n'ont pas observé que l'éducation civilisée, quel que soit le système adopté à l'égard d'un élève, entremet, pour l'endoctriner, quatre agences hétérogènes en principes et en intérêts ; qu'elles sont toutes quatre en conflit pour lui donner, durant son enfance, autant d'impulsions contradictoires, lesquelles, à l'âge de puberté, sont absorbées par une impulsion pivotale qui est l'*esprit du monde, l'immoralité fardée* et souvent affichée. Analysons ce bizarre mécanisme.

II. 26

» D'ordinaire, un enfant de la classe aisée reçoit, dans son bas-âge, quatre sortes d'éducation :

1. *La Dogmatique ;*   3. *L'Insurgente ;*
2. *La Cupide ;*   4. *L'Évasive ;*
        LA MONDAINE OU ABSORBANTE.

1°. » La DOGMATIQUE, donnée ostensiblement par les précepteurs et professeurs, qui recommandent le mépris des richesses perfides, et autres sornettes comme les vertus des deux Brutus, l'un immolant ses fils, l'autre immolant son père ; ou bien les vertus des jeunes républicains de Sparte, qui, en tuant des Ilotes à la chasse, volant leur subsistance, exerçant la pédérastie collective, préludaient aux vertus patriotiques de l'âge mûr.

» L'institution, à la vérité, mêle à ces balivernes libérales, quelques préceptes excellens, mais qui ne font qu'effleurer et glisser. Il arrive de cette bigarrure, que l'enfant goûte et admet ce qu'il y a de plus dangereux, et repousse le peu qu'il y a de bon. La cause en est dans le conflit des trois impulsions suivantes.

2°. » La CUPIDE ou insociale, donnée secrètement par les pères, qui enseignent à l'enfant que l'argent est le nerf de la guerre, et qu'il faut avant tout songer à gagner du quibus, *per fas et nefas.* Les pères n'osent pas donner en toutes lettres cet odieux précepte ; mais ils le prennent pour canevas de leur doctrine, et disposent l'enfant à être fort accommodant sur toute chance de bénéfice, à savoir façonner la morale aux convenances de l'intérêt.

» N'est-ce pas là le thême des leçons paternelles, sauf l'exception, qui confirme la règle ? D'ailleurs, sur ce vice radical de l'éducation familiale, si quelques hommes probes font exception, leur nombre s'élève-t-il au 8°.? Pas même au 16°. *Rari nantes in gurgite vasto.*

3°. » L'INSURGENTE, donnée cabalistiquement par les camarades qui, dans leur ligue turbulente contre les pédans et les pères, ont pour règle de faire tout le contraire de ce qu'on leur ordonne; railler la morale et les moralistes; briser, quereller, piller dès qu'ils ont un instant de liberté; se venger de la soumission forcée par la rebellion secrète et la dissimulation concertée; ériger l'esprit de révolte en point d'honneur, par dédain et sévices envers ceux qui favorisent l'autorité régentale.

4°. » L'ÉVASIVE, donnée furtivement par les valets, qui aident l'enfant à échapper au joug, le flagornent, le régalent en secret de friandises volées, pour se faire prôner auprès des pères. Ils le soutiennent et le conseillent dans toutes les menées tendant à l'affranchir des entraves morales : aussi l'enfant riche regarde-t-il les valets comme autant d'affidés secrets, et ceux-ci n'ont pas tort dans ce rôle; car les pères et mères sont déraisonnables au point de renvoyer sans autre motif, un valet qui déplairait à leurs enfans ou seulement au favori.

» Tels sont les champions qui se disputent l'arène, jusqu'à l'âge de 15 ans, où un cinquième athlète plus vigoureux vient prendre la part du lion, tout envahir. *Inter quatuor litigantes, quintus gaudet.* Ce vainqueur est,

✄ » L'éducation MONDAINE ou *absorbante :* il faut la placer en pivot, puisqu'elle broche sur les quatre autres, et en élimine ou modifie tout ce qui n'est pas à sa guise.

» L'enfant, à 16 ans, lors de son entrée dans le monde, reçoit une éducation toute nouvelle; on lui enseigne à se moquer des dogmes qui intimident et contiennent les écoliers; à se conformer aux mœurs de la classe galante, se rire comme elle des doctrines morales ennemies du plaisir, et se moquer bientôt après des visions de probité, lorsqu'il passera des amourettes aux affaires d'ambition; enfin s'engager dans les folles dépenses, les emprunts usuraires, et communiquer sa dépravation à toutes les fillettes qu'il peut fréquenter.

» Voilà un quadrille d'éducations bien distinctes, dont quatre sont en concurrence jusqu'à l'âge nubile, où la pivotale vient éclipser et absorber toutes les autres. Avant cet âge, la 1re.,

celle des savans, n'a qu'une influence apparente : c'est entre
les trois autres que la pomme est disputée ; elles envahissent le
cœur, l'esprit et les sens de l'élève ; et lorsqu'il atteint 15 ans,
à peine lui reste-t-il de l'éducation dogmatique un léger fonds
de préceptes vertueux, la plupart dangereux s'ils sont suivis
à la lettre, mais qui n'ont d'empire qu'autant qu'ils se con-
cilient avec les impulsions mondaines. »

Un conflit bien remarquable encore, est celui
qui provient du choc de l'éducation *religieuse*
avec les précédentes. Jusqu'à dix ou douze ans,
les enfans sont abandonnés aux prêtres (par des
parens, la plupart du temps incrédules, philosophes, athées, qui détestent les prêtres); ils
sont amenés par les prêtres, aux environs de la
première communion, à une aveugle et stupide
créance à tout ce qu'il plaît à ceux-là de leur
dire; ils portent des scapulaires et des chapelets,
des reliques, du bois de la *vraie croix;* on les
enfonce dans toutes les pratiques de sacristie;
on abuse d'eux, faibles qu'ils sont; on leur meu-
ble la tête avec des récits de miracles, des lectures absurdes, des contes sur l'enfer et le pur-
gatoire; et pour en faire, quoi ? — des voltairiens
ou des athées, quand leur éducation sera finie,
(car, au sortir du collége, qui croit au Christ, et
combien croient à Dieu ou s'en soucient?) et des
vieillards hébétés et stupides, s'ils vont jusqu'à
la vieillesse cacochyme des Civilisés, qui les fait

retomber pathologiquement dans l'enfance, et ramène, par correspondance d'état organique, des êtres usés de mal et de débauches, dans les terreurs superstitieuses dont on avait frappé leurs esprits à huit ans. Cette honteuse et dernière infirmité, certaines gens ne rougissent pas, d'ailleurs de l'appeler une conversion sainte, un effet de la grâce, *le doigt de Dieu,* comme si Dieu intervenait dans de pareilles dégradations !

Du reste, ce qu'il faut remarquer, c'est que cette éducation d'église, cette odeur de sacristie dont on oint les enfans, et qui s'évapore si vîte au contact des idées philosophiques du siècle, forment conflit, non-seulement avec l'esprit du siècle, mais encore avec l'instruction dogmatique distribuée dans les colléges. Il n'y a certes pas accord entre les enseignemens de l'aumônier et les leçons du professeur. Le matin on fait admirer dans la classe les suicides de Caton et de Brutus, le meurtre patriotique de Scévola et beaucoup d'autres actes héroïques; le soir, à la chapelle, tous ces héros sont des damnés que le diable fait rôtir depuis fort longtemps, et qui rôtiront toujours. Pour qui se décideront-ils, vos enfans, pour les fiers profils et les têtes hautaines de Rome et de Sparte, dont on exalte ici les passions vigoureuses, ou pour les figures à cheveux

plats, les saints mendiants et tous les types d'humi-
lité mystique que, là, on leur offre en exemple?
prendront-ils pour modèle Alcibiade ou saint
Antoine, Thémistocle ou saint Crepin?

Entendez-vous pourtant, et ne broyez pas l'intelligence de vos enfans sous tant de coups opposés; ne leur faites pas alternativement admirer
et condamner les mêmes choses; ne leur dites
pas qu'il faut mépriser l'argent, et en même temps
qu'il faut se mettre en devoir d'en gagner beaucoup. — « Ce jeune homme ne peut plus être
estimé par les honnêtes gens, » disait dernière-
ment, en plein salon, certain personnage, en
parlant d'un jeune homme qui a préféré une
carrière littéraire au commerce de son père. Ce
personnage était un recteur d'académie, qui a
passé sa vie à rabâcher à des milliers de jeunes
gens, sur la foi de Cicéron et des autres, *qu'il
n'y a d'occupation noble et digne de l'homme que
l'étude des belles-lettres, de noble commerce que le
commerce des muses !*

Enfin, pour comble de contradiction, observez
que, dans un pays monarchique, des professeurs
qui ont prêté serment à une charte monarchique,
font, d'après les ordres mêmes du gouvernement
monarchique, sucer aux jeunes générations le
lait républicain et la haine de la royauté, haine

qui est la quintessence des livres anciens. Comme c'est conséquent et logique ! Certainement, la France, qui avait le caractère essentiellement monarchique, ne se serait jamais engouée de république et eût fait moins de révolutions pour des formes gouvernementales, si l'on n'eût pas exposé si infatigablement à l'admiration de chaque génération les vieilles doctrines de la Grèce et de Rome ; très-probablement on eût cherché les améliorations et les réformes en d'autres voies. Eh bien ! c'est la monarchie elle-même qui a donné et donne encore l'éducation républicaine. Au collége, elle monte les jeunes têtes au diapason républicain, et au sortir du collége elle met en prison ceux qui veulent faire de la république !!..... Et vous ne diriez pas que tout cela est bête et stupide ? plus bête que le Panthéon n'est gros. — Cette Civilisation n'est qu'un conflit de monstruosités, une lutte intestine de toutes sortes d'extravagances contradictoires, une Babel, un charivari étourdissant : c'est avec cette éducation d'incohérence que l'on arrive à des professions de foi du genre de celle de M. de Châteaubriand : « Bourbonnien par devoir, républicain par conviction, et monarchiste par raison. »

Hélas ! hélas ! sommes-nous condamnés à tremper long-temps encore nos plumes dans les misères et les stupidités civilisées ? Quand donc sortirons-nous de ces bourbiers? Quand sera-t-on disposé à se rendre au bon sens? Quand n'aurons-nous plus à parler qu'avenir, bonheur, harmonie?

§. II.

Oh! les mots, les mots, les éternelles paroles:
A. DE MUSSET.

Laissez-les donc forger, pour qu'ils deviennent forgerons.

Voici encore un aspect de l'éducation civilisée.

La vie moyenne est de trente-cinq ans chez nous. L'éducation civilisée, qui se prolonge jusqu'à dix-huit, vingt-deux, vingt-cinq ans et plus, *retient l'élève,* pendant tout ce laps de temps, *hors de tout emploi productif de ses forces :* ainsi, l'homme étant une machine de trente-cinq ans de durée moyenne, en Civilisation, on s'arrange de manière à la faire marcher à vide et dépenser *sans rien produire,* pendant les deux tiers de son existence ! — Médecins, Légistes, Elèves des écoles civiles et militaires, etc., etc.; nous, enfin, qui sommes les gens élevés, *bien élevés,* comme on dit, n'aurions-nous pas eu tous, en mourant à vingt-deux, vingt-quatre, vingt-cinq ans, à nous rendre ce témoignage : *que nous avions beaucoup mangé, absorbé, consommé, coûté, sans avoir produit la valeur d'une obole ?*

Joignez ce caractère de notre éducation aux autres, et accouplez-le surtout à ce grand principe d'éducation, que les Civilisés répètent eux-mêmes chaque jour, savoir, que *pour bien savoir les choses, il les faut pratiquer.* Ils posent le principe que pour *apprendre* il faut *faire*, et, sous prétexte *d'apprendre*, ils empêchent de *faire* pendant les deux tiers de la vie moyenne !

§. III.

Vous mettez le grain de blé sur une pierre, et vous demandez après pourquoi il ne pousse pas d'épi.
Chanson méridionale.

Une partie de la semence tomba le long du chemin, où elle fut foulée aux pieds, et les oiseaux du ciel la mangèrent. — Une autre partie tomba sur des pierres, et ayant levé, elle sécha, parce qu'elle n'avait point d'humidité. — Une autre tomba au milieu des épines, et les épines croissant avec la semence, l'étouffèrent. —Une autre partie tomba dans une bonne terre, et ayant levé, elle porta du fruit, et rendit cent pour un.
Luc. viii. 5. 6. 7. 8.

Si la semence vient mal, ce n'est pas là faute de la semence. Semez bien, semez en bonne terre.

Nous avons vu que la Civilisation abandonne

sans éducation, sans soin, sans culture, la grande
majorité des individus qui naissent sous ses lois;
qu'elle livre les masses à la vive action de tous
les vices engendrés par le dénuement dans les
basses couches de la société, et laisse la misère,
la crapule et la débauche s'attacher comme des
ulcères rongeurs aux neuf dixièmes des générations naissantes.

Serait-ce donc qu'il n'est pas de l'intérêt d'une
société que ses membres soient gens de travail,
de talent, de bonnes mœurs, éduqués, habiles?
Qui fait la gloire, la richesse, la prospérité d'un
pays, sinon le travail, le talent, les vertus de ses
citoyens?

Il est donc de l'intérêt direct de la société,
comme de l'intérêt de l'individu, aussi bien que
de droit humanitaire, qu'il y ait un système
d'éducation publique, applicable à toute la génération naissante, une éducation qui soit un
fait de providence sociale, et non un fait laissé
au hasard des naissances et à la charge des familles. — Ainsi, l'éducation doit être *universelle*
et non *exceptionnelle*.

Nous avons vu que l'éducation des Civilisés,
fausse et absurde dans son objet, n'ayant pour
ressort que la contrainte, amoindrit, comprime,

étouffe et violente les natures, étiole et déforme
les corps et les âmes. — Serait-ce donc qu'il
n'est pas de l'intérêt de la société que chacun
de ses membres soit développé dans sa virtualité propre, qu'il lui apporte le concours de ses
forces, de ses facultés natives? L'individu réus-
sirait-il mieux, par hasard, dans les fonctions
pour lesquelles il n'a pas de vocation, que dans
celles vers lesquelles il se sent appelé par sa nature? toutes choses ne seraient-elles pas mieux
faites, là où chacun ferait ce à quoi il est propre,
qu'ici où tous les rôles naturels sont intervertis?

Il est donc de l'intérêt direct de la société,
comme de l'intérêt individuel, ainsi que de droit
humanitaire, que l'individu ne soit plus ajusté
de force à une fonction par le hasard des circonstances et la force aveugle des mauvaises
combinaisons, mais qu'il puisse, au contraire,
aller franchement à ses aptitudes, et qu'il soit
aidé dans le développement de ses vocations.
Ainsi, l'éducation doit appeler les dispositions,
et non les étouffer ; féconder les germes, et non
les écraser ; elle doit obéir à la nature, et non
lui commander ; être *conforme aux vocations,* et
non *arbitraire.*

Nous avons vu que les influences auxquelles

l'enfant est soumis, en éducation civilisée, sont autant d'impulsions contraires, autant de forces parfaitement opposées, qui s'entrechoquent et tiraillent simultanément l'élève dans les sens les plus différens; si bien qu'un enfant civilisé, travaillé par ces actions divergentes, est dans la position d'un homme écartelé à quatre chevaux. — Si pareille *divergence* est une monstruosité flagrante, il faut en conclure qu'une éducation raisonnable doit être *convergente* dans ses impulsions.

S'il est d'ailleurs contraire aux intérêts de la société et de l'individu, que l'élève soit condamné à l'improductivité jusqu'à l'âge de dix-huit ou vingt-cinq ans, qu'il soit réduit pendant tout ce temps à un état *passif, à apprendre un rôle,* — dont souvent même il n'aura pas une phrase à dire plus tard, — il convient alors que l'éducation soit pratique, exerçant et utilisant les forces aussitôt que possible, *active,* et non *passive.*

L'homme étant *corps* et *esprit,* et devant utiliser pour soi et pour les autres les facultés de son corps et de son esprit, il est de l'intérêt de l'individu, comme de l'intérêt social, que l'éducation prenne souci de ces deux ordres de facultés, qu'elle forme à la fois l'âme et le corps.

— « Les méthodes civilisées négligent le corps et pervertissent l'âme. » — L'éducation doit donc être *composée*, et non *simple*.

Par raisons analogues, il est dans l'intérêt de l'individu, comme dans l'intérêt de la société, que l'individu jouisse de toute la plénitude de sa vie ; qu'il développe toute sa virtualité ; toutes les forces de son corps et de son âme ; qu'il fournisse le *contingent complet* de ses facultés. — Donc, que l'éducation, au lieu de ne soigner qu'un côté du corps et de l'esprit ; de ne s'attacher qu'à tel ou tel détail, l'éducation doit les embrasser tous, et introduire la perfection sur tous les points. — « Nos systèmes d'éducation ne tendent qu'à fausser pièce à pièce les développemens du corps, et vicier ceux de l'âme par l'égoïsme et la duplicité. » — L'éducation doit donc être *intégrale*, et non *partielle*.

Enfin, l'éducation doit favoriser les mouvemens dans le sens des penchans, ouvrir le champ aux essors ; *développer* et produire toutes les richesses de la belle nature humaine, — et non les perdre misérablement sous les dures et idiotes lois de la *contrainte* pédagogique.

Donc, dans une société raisonnablement organisée , et *pour l'intérêt individuel comme pour l'intérêt collectif,* — qui s'accordent fort bien dans leurs exigences , quoi qu'on dise, (1) — l'éducation doit être :

UNIVERSELLE .... et non EXCEPTIONNELLE ;
CONFORME AUX VOCATIONS et non ARBITRAIRE ;
CONVERGENTE .... et non DIVERGENTE ;
ACTIVE .... et non PASSIVE ;
COMPOSÉE .... et non SIMPLE ;
INTÉGRALE .... et non PARTIELLE ;
DE DÉVELOPPEMENT .... et non DE CONTRAINTE.

A ces conditions, l'éducation sera

UNITAIRE ET ATTRAYANTE.

(1) Il ne manque pas de gens qui nous rient au nez à première vue, parce que nous disons que Fourier a apporté le moyen de combiner l'intérêt individuel avec l'intérêt général. — Ces gens-là imaginent que ces deux intérêts sont opposés, qu'ils se nient réciproquement, en principe et par leur nature même. — C'est une sotte idée, car qu'est-ce que l'intérêt général, sinon la somme des intérêts individuels ? Comment ce qui serait bon pour la société, c'est-à-dire pour tous les intérêts particuliers, ne serait-il pas bon pour ces intérêts particuliers ? l'absurdité est patente dans les mots. — Il y a accord parfait entre les exigences de l'intérêt individuel et les exigences de l'intérêt général ; et c'est parce que ces exigences s'accordent, parfaitement en principe, qu'il est possible, et très-possible, de réaliser leur accord en résultat. En bonne science sociale, tout ce qui nuit à l'individu nuit à la société ; tout ce qui nuit à la société nuit à l'individu. Les mauvaises formes sociales sont celles qui établissent une divergence entre ces exigences , qui sont d'accord en principe.

Ainsi, nous sommes amenés, pour faire bien, à faire tout l'opposé de ce que fait la Civilisation. On assujétit l'enfant ; laissez-le libre : on étouffe ses penchans ; épiez et favorisez leur marche : on exténue le corps en exténuant l'esprit ; asseyez la vigueur de l'esprit sur la force du corps : on lui impose le travail et l'étude ; laissez-lui solliciter l'admission aux études et aux travaux : on l'isole des autres, ou on lui donne des compagnons obligés ; laissez-le choisir ses amis comme ses travaux : prenez le contre-pied de ce qui se fait dans le monde *à rebours,* et vous aurez des dispositions convenables pour le monde *à droit-sens.* — Construisons, d'après ces principes, le système d'éducation naturelle, attrayante et unitaire.

CHAPITRE QUATRIÈME.

𝕰𝖉𝖚𝖈𝖆𝖙𝖎𝖔𝖓 𝕳𝖆𝖗𝖒𝖔𝖓𝖎𝖖𝖚𝖊. — 𝕻𝖗𝖊́𝖑𝖚𝖉𝖊.

Tous seront appelés et tous seront élus.

§. Ier.

Tous les enfans sont élevés aux frais de la
Phalange jusqu'à ce qu'ils soient en état
de pourvoir eux-mêmes à leur entretien.

CONSTRUISONS le système d'éducation naturelle, ai-je dit. — Non; ce n'est pas cela; ce n'est pas ainsi qu'il faut dire. Il vaut mieux dire, examinons quel système d'éducation va sortir du jeu des impulsions naturelles en milieu sociétaire. Entrons dans la Phalange.

La Phalange abandonnera-t-elle, comme le village, comme la commune morcelée, l'éducation à la charge des familles? Dans le village, dans la ville, dans la Commune civilisée, vos enfans croissent comme ils peuvent. Vous ne leur donnez pas d'éducation, vous ne le pouvez pas! c'est à peine si vous pouvez les nourrir!... qu'est-ce que cela fait à votre voisin, à Pierre, à Jacques, à Philippe, aux trois, quatre, cinq cents familles dont la juxta-position compose votre village, votre ville? — Rien. Vous ne vous tourmentez pas plus pour les enfans des autres, que les autres ne se tourmentent des vôtres, et, comme il y a insolidarité complète, tous ces égoïsmes sont parfaitement justes et légitimes.

Pensez-vous qu'il en soit ainsi dans la Phalange? La Phalange trouverait-elle son compte à laisser inoccupés, vacantes, oisives, destructives, les facultés de sa jeune génération? Est-ce qu'il n'est pas de son plus cher comme de son plus matériel intérêt, que toutes les recrues de sa jeune armée, qui se forme et grandit chaque jour, soient exercées, habiles, heureuses? Va-t-elle laisser ses forces naissantes se gaspiller, s'user à rien, se fausser, tourner à mal, par effet d'abandon et d'incurie? — Oh! non, non, mille fois non.

C'est donc l'intérêt même de la Phalange qui garantit l'éducation à tout enfant. Voilà la providence sociale engendrée au sein de la Phalange, et née de la combinaison sociétaire. — Premier point. — Supprimez tous les discours moraux et les sermons adressés aux parens sur l'obligation d'élever leurs enfans. — Economie au budget de la morale.

Et maintenant, l'éducation de la Phalange ressemblera-t-elle à notre éducation universitaire? La Phalange va-t-elle faire de tous ses enfans des savans en *us?* Est-ce un besoin pour elle de les ferrer de grec et de latin, de les barder de toutes ces choses stupides que nous avons eues à subir pendant huit ans, nous autres de Civilisation? — la Phalange? Elle a besoin de tout; il lui faut des agronomes, des mécaniciens, des professeurs, des artistes, des savans, des poètes, des administrateurs : il lui faut des hommes sérieux, profonds, tenaces, suivant et poursuivant une idée, une œuvre, une invention; il lui faut des hommes gais, actifs, légers, remuans, se mêlant à tout, voyant tout, portant la joie dans les Groupes : il lui faut les natures dévouées, bravant les dangers et les répugnances industrielles, fortes et s'animant aux obstacles; il lui faut les natures délicates, nuancées, scru-

puleuses, perfectionnant toutes choses, raffinant
toutes choses, exigeant en toutes choses le fini,
l'art exquis, le goût pur; il lui faut ceux qui
aiment à tout commencer et ne rien finir, ardens
au début, et lâchant pied bientôt après; il lui
faut ceux qui blâment tout ce qui n'est pas com-
mencé et ne s'engagent qu'après les premiers
pas; il lui faut ceux qui n'aiment que finir,
achever, donner la dernière main; les ébaucheurs
ou metteurs en œuvre, les occasionels et les
finiteurs; natures complémentaires, — inutiles,
absurdes, malheureuses, fantasques, tourmen-
teuses dans l'isolement des fonctions civilisées,
et qui deviennent magnifiques d'action, de puissance, et de riches emplois quand elles se com-
plètent et s'emboitent au sein du milieu sociétaire! Il faut à la Phalange toutes les fonctions,
tous les goûts, tous les caractères; il lui faut
pour ses modulations toutes les notes du clavier
passionnel, toutes les cordes, tous les timbres
et tous les tons; il faut sur sa palette toutes les
teintes et toutes les nuances; il faut dans l'Unité
la variété infinie.

C'est pourquoi, beaux, joyeux petits enfans,
vous pouvez venir dans la Phalange. Venez, avec
vos caractères variés comme les couleurs et les
parfums des fleurs de ses jardins; venez, tendres

boutons qui êtes tout l'avenir, venez vous épanouir au soleil d'Harmonie, qui dilate et fortifie, qui mûrit les moissons sans les brûler : venez; il y a pour les jeunes plantes, selon leurs besoins et leurs désirs, l'eau et l'air, l'ombre et le soleil.

L'éducation qui ressort naturellement des convenances phalanstériennes, sera donc cette éducation de développement qui aide les vocations à pousser, les caractères à manifester leurs dissemblances.

§. II.

La pierre que vous avez rebutée est celle dont on fera la tête de l'angle.

Psalm. CXVII. 22.

J'entends dire à mes oreilles : « Mais si les vocations de l'enfant ne conviennent pas au père.... »

Ah! vraiment, n'est-ce pas?

Quand, en Civilisation, une vocation parle, — car il arrive que certaines vocations vives se font quelquefois jour à travers les obstacles, — quand une vocation parle chez un enfant ou un jeune homme, et que les plans de la nature sur ce caractère ne coïncident pas avec ceux que son père a conçus dans sa sagesse, on trouve tout simple que la volonté du père et les convenances de position l'emportent sur les convenances naturelles, et l'on a raison. C'est souvent le jeune homme lui-même qui sacrifie les goûts qu'il se sent, pour se faire une carrière, un état, un sort.

Mais qu'y a-t-il de commun entre les circonstances civilisées et les circonstances harmoniennes? Un père civilisé, dont le fils aurait du goût pour la maçonnerie, et qui peut le faire secrétaire d'ambassade, a raison de le mettre dans la diplomatie, dût-il même y rester gâcheur; car un gâcheur diplomate est encore mieux colloqué dans le monde qu'un maître maçon. Comment voulez-vous que cet enfant puisse donner cours à cet instinct, et que ses parens le veuillent? Il irait vivre avec des goujats; il ferait scission avec sa famille et sa classe.... Enfin, il est clair que, dans les circonstances civilisées, on ne peut pas suivre ses vocations et aptitudes naturelles; d'abord, parce qu'on ne les connaît généralement pas, ensuite parce que, fussent-elles connues, l'arrangement des choses ferait obstacle pour le pauvre, et même le plus souvent pour le riche aussi.

Dans la Phalange, c'est autre chose : dans la Phalange, vous le savez, toutes les industries, tous les travaux sont honorés, honorables, engrenés et compactes. Les fonctions les plus répugnantes, les plus méprisées aujourd'hui, sont les plus honorées dans la Phalange. Où ce sentiment prend-il sa racine? — Dans l'interêt, dans l'intérêt même, dans l'intérêt individuel combiné avec l'intérêt général, dans l'intérêt corporatif de la Phalange. Il n'y aurait pour elle ni richesse, ni prospérité, ni existence même, si les travaux répugnans, mais nécessaires, indispensables, n'étaient pas exécutés dans son sein. Or, dans les Phalanges, il n'y a plus de mercenaires, de parias, de salariés, plus de ces misérables à qui on ferait tout faire pour cinquante centimes; ce ne peut plus être la misère qui conduise au travail, mais la passion et l'enthousiasme; sans cela, il n'y aurait plus de Phalange. La Phalange tient donc les travaux pour honorables en proportion des difficultés, des obstacles, des répugnances qu'ils présentent; elle les paie dans cette proportion, en fortune ou en gloire. C'est exactement l'inverse d'aujourd'hui.

La masse honore le dévouement dont elle a besoin. Toute la société ancienne a glorifié le soldat qui tue et qui se fait tuer, *parce qu'elle*

avait besoin, pour première condition d'existence.
de soldats tuant et se faisant tuer. — Rien n'é-
tait plus caressé, plus flatté, plus honoré, plus
brillant, que le militaire pendant la révolution et
l'empire : alors on avait besoin du soldat; les
bourgeois sentaient que le corps du soldat était
le rempart qui les séparait des Cosaques et du
pillage ; les patriotes comprenaient que le corps
du soldat les préservait de l'envahissement et du
démembrement. Les lâches eux-mêmes étaient
les premiers à glorifier l'armée.

Aujourd'hui, tous ces gens-là la méprisent,
parce que l'on est depuis vingt ans en paix. Oui,
je dis qu'aujourd'hui l'armée est en défaveur auprès du boutiquier, du notaire, de l'avocat, du
libéral, du contribuable, et même du patriote,
qui n'a guère de sympathies dans l'armée que
pour les mauvais sujets, les brouillons, les *pratiques,* et ceux des sous-officiers qui voudraient
devenir officiers par l'expulsion générale de leurs
supérieurs qui ne sont pas patriotes, — conformément aux pures doctrines démocratiques
reçues, et qui ne datent pas d'hier. — On dé-
fait les Comtes pour se faire Duc. Connu.—Or,
si demain Nicolas venait avec ses bandes, et
qu'il fût d'humeur à faire la guerre en barbare,
à piller et ravager quelque peu la France, oh !

alors, le soldat français grandirait subitement de dix coudées; il serait de nouveau fêté, couronné; il redeviendrait *héros, guerrier couvert de lauriers, favori de la gloire, fils de la victoire, etc.*

Voilà le principe. — Dans le *régiment,* on peut voir que déjà les corvées les plus dégoûtantes, relatives aux soins et à la propreté de la *caserne,* n'ont rien de déshonorant. Chacun y passe; les officiers et sous-officiers surveillent eux-mêmes; et s'il pouvait arriver dans le régiment *discipliné,* ce qui arrivera dans la Phalange *associée,* si quelques escouades se chargeaient volontairement de ces sortes de travaux, pour en éviter les répugnances à la masse, ces escouades dévouées seraient bien vues et honorées par les camarades.

— « Mais, Monsieur, s'il prend fantaisie à mon fils d'être cordonnier, balayeur, je serai donc obligé de le laisser prendre ces états? » — Que voulez-vous répondre à des objections ainsi tournées, après toutes les explications que vous avez données!... — Si vous ne pouvez pas vous transporter en esprit dans une Phalange, et la voir pour comprendre les effets de son mécanisme, attendez que l'on en ait construit et réalisé, et laissez ceci. Parce que vous avez le cordonnier,

le balayeur civilisé sous vos yeux, vous transportez
tout cela dans les Phalanges, sans voir que tout
cela y est changé et transformé. Vous n'avez donc
pas compris le mécanisme des courtes séances,
des Groupes, des Séries; vous ne vous représentez
pas la propreté et le *luxe d'espèce* de tous les ateliers; vous ne sentez pas le point d'honneur de
toute industrie; vous n'avez pas compris que la
Phalange est un tout compact, à la prospérité duquel tous travaillent synergiquement, que tous
les rameaux, toutes les branches se réunissent
au tronc commun, qu'il y a fusion harmonique
et convergente de tous les intérêts et de toutes
les forces, que la Phalange proportionne les ré-
compenses et les honneurs aux difficultés et aux
répugnances des fonctions, qu'il n'y a plus le
mercenaire dont l'un est cordonnier, l'autre balayeur, l'autre commissionnaire, plus d'hommes-
machines que l'on meut avec un écu; mais des
Séries dont les différens Groupes se sont chargés
des travaux relatifs à la cordonnerie, aux services
de propreté, etc., et qui expulseraient ignominieusement de leur sein l'individu qui accepterait
un salaire particulier; que tel qui a passé ce matin
deux heures à tailler des bottes dans les *élégans*
ateliers de cordonnerie de la Phalange, vous donnera le soir à l'amphithéâtre une leçon de géométrie descriptive, lui savant, à vous ignorant; que

tel enfant qui a verni vos souliers, est le fils du plus grand dignitaire de la Phalange, et commande lui-même en plus de dix endroits; que votre cheval a été pansé ce matin par tel page qui se croit à juste titre de meilleur ton que pas une de nos nullités fashionnables du boulevard de Gand; que les vocations variées des enfans, des femmes, des hommes, et leurs nombreuses affections et relations dispersent tous les sociétaires indistinctement dans toutes les fonctions reliées et mariées en un seul grand corps; que les débuts industriels qui paraîtraient les plus humbles à un civilisé, s'allient aux plus grandes choses et aux plus grands caractères, et conduisent les Harmoniens aux postes les plus élevés; que Louis XVI, roi de France, n'en est pas moins roi de France, en Harmonie, pour être un habile forgeron et maçonner un mur dans le parc de Versailles; que les fonctions industrielles aujourd'hui réputées abjectes, sont des occasions et des moyens de développement pour le corps et d'instruction pour l'esprit; que tel enfant que ses goûts conduisent dans les ateliers de tannerie, de cordonnerie, de boyauderie, de boucherie, prendra dans ces ateliers, et dans les connaissances des hommes qu'il y trouvera, les premières notions de chimie, d'histoire naturelle, d'anatomie, etc., et entrera par ces portes dans telle science où

il se rendra célèbre plus tard; qu'on devient
célèbre d'ailleurs à titre de grand industriel,
comme à titre de grand artiste et de grand savant spéculatif; qu'il n'y a dans la Phalange ni
manans, ni rustres, ni goujats, ni aristocrates
impertinens; que tout Harmonien de quinze ans
est plus instruit, plus adroit, plus habile, et sait
mieux vivre que les plus distingués civilisés de
trente ans; en un mot, qu'il y a lien, engrenage
et mariage des fonctions, des Groupes, des industries, ralliement des individus au sein du luxe
général, fusion des classes dans l'unité harmonique de la Phalange, et par conséquent du
monde entier, et que le TON UNITAIRE glorifie
toute industrie sur la terre....

Si l'on ne comprend pas ceci, on ne comprend
pas le milieu phalanstérien, et il faut l'étudier.
— Si on le comprend, les objections tombent
d'elles-mêmes : on sent que les pères ne sont
plus en lutte contre les vocations de leurs enfans;
qu'ils sont enchantés, au contraire, au fur et à
mesure qu'elles naissent chez eux et se développent, et qu'ils voient garçons et filles prendre
parti dans les industries *miniatures,* s'enrôler dans
les Groupes, gagner de l'avancement dans les
Séries et les cadres de l'enfance. — Quand un
enfant, après avoir fait preuve d'adresse et d'ha-

bileté, et prouvé son savoir-faire dans un examen passé sur un nombre d'industries exigé, est admis à un Chœur supérieur dont il convoite depuis long-temps l'entrée, cet avancement est une grande joie pour les parens, comme pour lui-même. Les parens tirent vanité de tous les trophées in-dustriels de l'enfant, quelles que soient les in-dustries ; il avance, il monte, il se développe en santé, en force, en intelligence ; il est heureux sous les yeux de ses parens. Que faut-il de plus aux parens ? Quel plus grand bonheur pourriez-vous réserver à des mères, des pères, à propos de leurs enfans, dans le paradis, quand vous seriez maître de disposer le paradis à votre gré ?

—- Mais ce sera donc en toutes choses un pa-radis qu'une Phalange d'Harmonie ? — Ce sera mieux, beaucoup mieux du moins que toutes les descriptions qui nous en ont été faites. Le pa-radis, c'est le royaume de Dieu. Quand les lois de Dieu règneront sur la terre, l'homme aura reconquis le *paradis perdu ;* — ou plutôt, au pa-radis *terrestre,* état de *bonheur brut* des premiers jours, il aura substitué, par sa propre virtualité créatrice, le paradis *céleste,* c'est-à-dire le règne intégral du Bien et du Vrai dans l'ordre physique, dans l'ordre moral et dans l'ordre religieux. Et qui pourrait douter que le *réel* divin ne dépassât

infiniment en splendeur et en bonheur l'*idéal*
humain tel qu'il a été conçu dans les époques de
l'affliction et des misères !

Nous venons de voir que les parens seront bien
éloignés de contrarier les vocations natives de
leurs enfants, et que, dans toutes les dispositions
propres à faire éclore celles-ci, ils salueront les
gages du développement et du bonheur des êtres
qu'ils aiment.

§. III.

L'ordre sociétaire se ralliera à la marche
naturelle, qui est d'éduquer le corps
avant l'esprit.   Ch. Fourier.

On sait d'ailleurs, en Harmonie, que c'est par
le matériel que l'éducation doit commencer. —
La théorie c'est la généralisation des faits ; logi-
quement elle ne peut, elle ne doit venir qu'après
les faits. La pratique d'abord, la science après :
soyez soldats et manœuvrez ; plus tard vous diri-
gerez la manœuvre. Un enfant de quatre à cinq
ans comprend et parle fort bien sa langue ; il
n'a pourtant pas appris la syntaxe en nourrice ;
vous montrerez les règles quand on saura assez
les mots ; vous arriverez aux abstractions, aux
spéculations, après avoir parcouru le domaine
des réalités, des expériences. La théorie et la
pratique se donnent la main, se soutiennent,
s'entr'aident ; mais les choses passent par les sens

avant d'arriver à l'intelligence : à la pratique active appartient donc l'*initiation*. Formez d'abord
un corps robuste, agile, alerte, si vous voulez
avoir un esprit actif, solide et bien nourri. Ne
surchargez pas un enfant d'études prématurées,
qui affaibliront son esprit, émousseront son intelligence, débiliteront son corps : vous faites un
double mal à cet enfant; vous le tuez au moral,
vous le tuez au physique. Rallions-nous à la nature, et toujours prenons-la pour guide; la nature,
c'est Dieu.

La nature inspire à tous les enfans, dès le bas
âge, des goûts industriels; ils aiment le bruit des
ateliers, le maniement des petits outils. Voyez-
les aux Tuileries remuer, transporter du sable,
creuser la terre et brouetter les déblais. Ils aiment
à construire des maisonnettes, gâcher du plâtre
ou de la boue, diguer les ruisseaux, établir des
écluses et des moulinets; ils sont toujours en
œuvre. Vous faites leur bonheur avec un petit
marteau, un char, une petite pioche, une petite
scie, un petit rateau, un jardinet dont vous leur
confiez le soin. — Vous faites leur désespoir avec
vos livres.

C'est donc la nature qui a voulu cela. Elle a
voulu que le corps se formât et se fortifiât, avant

tout, par des exercices matériels; elle a donné aux enfans des vocations qui les entraînent à l'air, qui les poussent au mouvement, à l'action, parce que l'air, le mouvement, l'action, leur sont choses bienfaisantes et nécessaires. Elle ne leur a pas donné les goûts sédentaires qui conviennent à l'étude réfléchie que vous leur imposez avant le temps. Quand vous assujétissez la nature mobile de l'enfant à un travail qui exige le calme, la méditation, et que l'enfant se révolte contre vous, qu'il ne vous écoute pas, qu'il vous nargue et vous maudit, qu'il macule d'encre son livre et en déchire les feuillets, c'est lui qui a raison et vous qui avez tort, car il se défend contre vous qui l'attaquez. — Il est fort sot de se plaindre des enfans en pareilles circonstances, et de dire qu'ils sont paresseux. Quand vous vous plaignez de ce qu'un enfant n'aime pas l'étude, c'est tout juste aussi raisonnable que si vous vous plaigniez de ce qu'il n'aime pas l'eau-de-vie. Attendez. Plus tard, il sera homme à suivre deux heures, sans distraction, la même pensée, et à boire une bouteille de rhum avec vous. Vous voulez avoir les graines avant les fleurs, et les fleurs avant que les tiges n'aient levé. A chaque chose son temps. Ne bouleversons pas brutalement toutes les convenances, à la manière des infâmes coutumes et des odieuses institutions civilisées.

Ainsi, l'éducation consiste, dans la Phalange,
à favoriser, par tous les moyens possibles, l'éclosion des vocations et le développement des natures. Il n'y a plus de moralisation, de pédagogisme, de sermoneries, de directions imposées.
Quand le soleil, au printemps, réchauffe l'atmosphère et féconde la terre, il ne commande pas
aux violettes de pousser des roses, aux jasmins
de fleurir des renoncules; il anime toute plante
dans son espèce, il vivifie tout germe dans son
titre de vie; il fait croître l'hysope à côté du
cèdre, la fougère sous le chêne, et la mousse
sous la fougère. La Phalange agit sur les générations écloses en son sein, comme le soleil au
printemps sur les plantes de la terre; elle réchauffe, aide, soutient, fortifie, nourrit, développe. En Harmonie, chacun sait que le plus
grand tort que l'on pourrait faire à un enfant,
serait de contrarier sa nature. Un être appliqué
à d'autres fonctions que celles auxquelles son
organisation le rend propre, y resterait toujours
inférieur à ce qu'il aurait été en suivant son cours
naturel; comme toute plante, gênée dans son
développement normal, perd sa beauté, le luxe
de ses formes, de ses couleurs, et finit par un
avortement.

Comment étions-nous devenus, au collége,

adroits à la balle, aux billes, aux différens jeux,
habiles à nager, à patiner, bons sauteurs, bons
coureurs, bons jardiniers, etc.?... C'était en pra-
tiquant les choses. En fait d'éducation, la Phalange s'appliquera donc à attirer l'enfant au travail, à lui présenter mille amorces, mille séductions, mille plaisirs pour l'entraîner à l'industrie.
— Or, le ressort d'Attraction industrielle est
toujours le même pour l'enfance et pour l'âge
mûr; c'est toujours la formation des Groupes
libres et leur affiliation en Séries, puisque ce sont
les jeux libres des enfans qui nous ont manifesté
ce mécanisme.

Le libre développement des vocations, voilà
le principe de l'éducation ; la pratique des choses
dans les Groupes et les Séries, voilà le moyen.

CHAPITRE CINQUIÈME.

𝕰ducation harmonique. — 𝕻remiers développemens.

ÉDUCATION PASSIVE OU DU PREMIER AGE.

> Tout est céleste en toi; l'enfant candide et rose
> Nouveau-venu du ciel, en garde quelque chose :
> Un regard d'ange luit dans son bel œil d'azur.
>
> ANAÏS SÉGALAS.

> Le besoin et le droit des pères et mères, c'est le *gâtement*, c'est l'inépuisable caresse, l'éternelle adoration: Que, dans notre société, le père soit obligé d'imposer silence à cet *attract* naturel, de se contraindre péniblement pour établir le devoir de gouvernement que la loi lui a attribué, c'est une des nombreuses et déplorables contradictions de cette loi avec la nature, et rien de plus. Il faut être aveugle pour faire d'un mauvais arrangement des hommes une loi de Dieu.
>
> D. LAVERDANT.

> Eh! quoi, tu viens à moi les yeux en pleurs! ta mère
> T'aura parlé peut-être avec un ton sévère?
> Est-ce un jeu qu'on défend, un devoir imposé?
> Est-ce un oiseau captif qui s'échappe et s'envole?
> Une leçon bien longue à dire dans l'école?
> Quelque jouet brisé?
>
> ANAÏS SÉGALAS.

A la rigueur nous pourrions, sur l'éducation, en rester à ce que nous venons de dire; car nous avons mis les principes généraux d'une saine éducation dans un jour évident, et nous avons montré que la combinaison phalanstérienne, grâce au

parfait accord de tous les intérêts, doit nécessairement faire germer ces principes et produire
immédiatement leur application. A titre d'étude
du régime intérieur de la Phalange, nous exa-
minerons pourtant, avec quelques détails, la
pratique de cette éducation, dont nous allons
parcourir les degrés successifs.

§. Ier.

CONVENANCES SPÉCIALES DU PREMIER AGE.

> Wilderspin, l'un des habiles instituteurs de Londres,
> a constaté que la plus grande partie des plaintes,
> des querelles domestiques et des violences qu'elles
> entraînent, est produite par la nécessité d'élever les
> enfans.   D. LAVERDANT.

En Harmonie, quand un enfant vient au monde,
on ne l'envoie pas à dix, vingt ou quarante lieues
en nourrice, abandonné aux soins éloignés et
mercenaires de paysans pauvres. On ne voit pas,
en Harmonie, sur les rivières et les fleuves, des
coches chargés de marmots émigrants, comme
ceux qu'on emplit incessamment à Paris d'enfans
et de nourrices pour les en dégorger à Auxerre.
Un pareil début dans la vie est peu propre à affec-
tionner les enfans à leurs parens, et réciproquement ! on les envoie au loin en nourrice ; puis,
après, on les envoie au loin en pension ; ensuite

on cherche aux garçons des places, aux filles des maris, qui les emportent plus loin encore. — Laissez faire, ils reviendront assez au lieu de leur naissance quand il s'agira de recueillir l'héritage après décès des parens.....

On dira qu'on n'envoie pas tous les enfans en nourrice. Je sais bien que les pauvres gens, — c'est la grande, l'immense majorité, — gardent chez eux les leurs, et pour cause. Mais comment vont les choses dans ces ménages des classes pauvres, et même dans ceux des classes moyennes, où il n'y a pas un appartement particulier pour les enfans? Dans ces malheureux ménages, les enfans sont partout, ici, là, dans la chambre à coucher, à la cuisine; les nourrissons crient dans leurs berceaux, les marmots se traînent par terre et crient; d'autres un peu plus forts, courent, fracassent, jacassent et crient. Vous les avez à droite, à gauche, dans vos jambes, pleurant, riant, renversant, faisant un bruit à vous étourdir. Ah! qui n'a pas vu tout cela et qui n'en a pâti souvent!.. C'est un supplice insupportable, un enfer. Comment voulez-vous que la mère la plus tendre y tienne? Ces malheureux enfans, on passe tout le temps à leur imposer silence, à les gronder, à les punir. On leur défend le bruit, ils recommencent le bruit, c'est de nature et de position, c'est forcé ; ils désobéissent, on se plaint d'avoir des enfans aussi méchans, on se maudit, on pleure, on se·désole. Il faut cependant que la mère travaille ; elle raccommode, gronde, torche, prépare le dîner, va et vient au milieu de tout cela. Après le travail ingrat de la journée, le père rentre ; il n'est pas là depuis un quart d'heure, qu'il a déjà la tête rompue. Les cris de l'enfant au berceau le réveilleront peut-être toute la nuit ; et puis surviennent les maladies, si fréquentes chez les enfans civilisés.... Poursuivez ce tableau avec vos souvenirs ; ajoutez, pour les parens, les ennuis de toute espèce, les chagrins, les jalousies, les antipathies de caractère, les querelles, toutes les misères de l'intérieur enfin....

Voilà pourtant ce qu'est en réalité cette vie de ménage dont on nous chante la paix, la poésie, les délices infinies, les heures suaves, les doux enchantemens ! Faites là-dessus des *feuilles de printemps* ou *d'automne,* et toutes sortes de palabres morales et poétiques, si vous voulez, et surtout essayez de faire comprendre à l'ouvrier que cet enfer intérieur lui donne plus de jouissances que le cabaret... Pour nous, qui sommes indignés de voir les sentimens tendres et les douces affections étouffés au cœur de l'homme par l'ivraie des misères domestiques, et qui voulons la poésie et le bonheur, non pas seulement dans quelques stances d'ancienne ou de nouvelle école, mais incarnés dans l'humanité, on nous permettra de ne pas nous arrêter à de pareils roucoulemens; on nous permettra encore de ne pas voir dans de pareilles conditions les conditions d'une bonne éducation pour nos enfans.

Laissons ces tristes ménages des classes moyennes, laissons ces misérables ménages des classes pauvres, où chaque jour les nécessités de la vie forcent une mère à s'absenter et à abandonner sans surveillance des enfans en bas âge, enfermés et livrés aux hasards de mille accidens. On a cherché à remédier à ces grands vices par les *Salles d'asile*, qui sont une mesure de Garantisme. Mais ce n'est encore qu'une goutte d'eau dans un incendie. Quoi qu'il en soit, on doit applaudir vivement aux sentimens et à l'esprit dans lesquels ces établissemens ont été conçus. Une salle d'asile dans un quartier de ville, vaut mieux que cent sermons sur les devoirs des pères de famille; c'est de la philantropie *effective*, cela, c'est une *mesure utile*, aboutissant réellement au mal, et le saisissant pour le guérir ou du moins pour l'adoucir; ce n'est pas de la bavarderie flasque, morale et perdue dans l'air; c'est une institution : à la bonne heure !

L'éducation de la basse enfance se fait, dans les maisons riches, sous de meilleures conditions *matérielles* que dans les ménages dont nous avons parlé. — Il y a un appartement, un local consacré aux bonnes et aux enfans. — Voilà l'amélioration. Mais ces enfans sont tenus par des femmes salariées, ignorantes, qui les soignent comme elles savent, comme elles peuvent, et souvent, ainsi qu'on dit, pour l'amour de Dieu (1). Le plus pauvre des Harmoniens serait bien désespéré s'il voyait traiter son enfant comme le sont aujourd'hui ceux de nos plus riches maisons. Puis ces enfans sont victimes de leur rang : voyez aux Tuileries, ces marmots emmaillottés de dentelles, couverts de parures ridicules, coiffés de chapeaux à plumes; pauvres petites créatures guindées dans la vanité de leurs parens, bavant dans le velours et la blonde ! Ces enfans sont encore plus malheureux et moins bien portans que les marmots souillés et déguenillés du pâtre. Confiés à des gens inintelligens, ils sont fatigués de soins absurdes; puis on les fait paraître au salon quand la fantaisie en vient, et là on leur crée mille caprices par de sottes cajoleries.

---

(1) Il est curieux qu'en Civilisation on dise de tout ce qui est mal fait : *c'est fait pour l'amour de Dieu*. Une manifestation profonde est cachée dans cette locution.

Chez nos riches, les petits enfans sont des jouets pour des mères désœuvrées, des poupées qu'on habille et qu'on pare; et comme leurs enfans, désœuvrés aussi, font périr à force de caresses les oiseaux qu'ils aiment, de même ces mères exténuent leurs fils par l'obsession de leurs tendresses imprudentes.

« S'il existait, dit Fourier, des tribunaux à codes criminels sur les fautes commises dans le nourrissage, sur les imprudences dont l'enfant est victime, j'estime qu'il faudrait condamner à des peines afflictives les neuf dixièmes des femmes riches qui allaitent leurs enfans. On peut dire qu'elles ne sont pas nourrices, mais assassins du marmot, qui aurait besoin d'être sagement gouverné. Ces mères ne s'étudient qu'à lui créer mille fantaisies pernicieuses, qui sont pour lui un poison lent, et tuant la plupart des enfans riches. . . . . L'épouse, dépourvue de récréations, se jette à corps perdu dans la tendresse maternelle, dont l'excès n'est pas moins vicieux que celui de toute autre passion. Aussi les femmes riches sont-elles assassins de leurs nourrissons, à qui elles créent une foule de défauts. »

Traité de l'Assoc. dom.-agr., t. II, p. 171.

Ce n'est pas aux parens à faire l'éducation de l'enfant. Tout ce que nous avons dit du précepteur dans la critique de *l'éducation particulière*, s'applique bien mieux encore au père et à la mère. Il faut, pour élever un enfant, dix mille dispositions qui ne peuvent pas se trouver dans une famille, et dix mille facultés que ne peuvent réunir aucun père, ni aucune mère. La nature, d'ailleurs, destine chaque homme à se reproduire, mais non à passer sa vie à élever son enfant. Elle spécule en éducation, comme en toute autre branche, sur l'économie de ressort; en conséquence, elle appelle l'enfant à l'éducation sociétaire, mutuelle, corporative, en lui donnant attrait, dès le bas âge, pour toutes les circonstances de ce régime, et répulsion pour tout système d'éducation isolée, préceptorale ou paternelle.

L'affaire des parens, c'est d'aimer, de caresser leurs enfans. La nature leur inspire pour ces petits êtres une adoration aveugle. Ils sont heureux de leur céder en toutes choses, de se plier à leurs volontés et à leurs caprices; c'est une idolâtrie. — Cette faiblesse passionnée, qui est le grand caractère, le caractère *naturel* de l'affection des parens pour leurs enfans, n'est certes pas chez eux le signe d'une capacité pour l'éducation, d'une destinée éducatrice. — Aussi les parens qui élèvent leurs enfans les *gâtent ;* le mot est consacré. Et s'ils ne les gâtent pas, dans le sens ordinaire de la métaphore, ils les gâtent en sens inverse, ils les gâtent par des sévérités très-cruelles pour l'enfant qui les reçoit de ses parens, et tout aussi cruelles pour les parens qui

les infligent. Un père, une mère, qui punissent
leur enfant, qui seulement sont avec lui sévères,
contrarient directement le vœu de la nature.
Aussi ils souffrent. Ce néanmoins, la philosophie
civilisée veut que les garçons soient élevés par les
pères, les filles par les mères, pour faire le bonheur des pères, des mères, des garçons et des
filles, de tout le monde !

Or, notez-le bien, toute cette philosophie sur
les pères, les mères et les enfans, qui semble
être faite au profit de l'affection de famille, est
funeste à cette affection, — que la Civilisation
a l'air de prendre sous sa protection spéciale, au
mépris des autres affections, tout aussi saintes
et certainement plus larges et plus sociales. — Le
sol du foyer domestique est un sol ingrat, où le
développement des affections est bien plus com-
promis que favorisé. L'éducation de l'enfant s'y
résout en une succession de contrariétés, de vexa-
tions, de luttes et de douleurs. Qu'on ne parle
pas des joies maternelles, des doux momens;
ceci est le fait de la nature, ce n'est pas le fait
du système d'éducation.

Dans ce malheureux système, toutes les impulsions de l'enfant sont méconnues et froissées.
L'enfant n'a ni les goûts, ni les habitudes, ni le

caractère de ses parens; il est enfant, les autres sont d'âge mûr. Le bruit qu'il fait, le mouvement qu'il prend, c'est de sa nature. Or, ce bruit, ce mouvement, vous incommodent, et vous lui imposez le silence et le repos qui vous conviennent, en lui disant d'*être sage,* c'est-à-dire de ne pas faire ce qui est dans sa nature, — parce que vous auriez à en souffrir. Mettez-le seulement au jardin, sur une pelouse verte, avec ses frères, ses sœurs, ses petits compagnons : là, s'il rit, s'il crie, s'il se livre à une gaieté bruyante en se roulant sur l'herbe, là vous ne lui dites plus qu'il *est sot.* Pour un peu de bruit et de mouvement *il est sot,* — dans la chambre, avec vous. Pour beaucoup de bruit et de mouvement, *il n'est plus sot,* — quand c'est au jardin, dans l'herbe, sur la pelouse; — vous le trouvez gentil et charmant, alors.

C'est pourtant ainsi que vont les choses ! voilà comment on forme l'esprit et la conscience des enfans ! voilà comment dès le berceau la pauvre créature humaine est tourmentée, livrée aux contradictions et aux douleurs !

Vous voyez bien que quand vous faites vivre, face à face et dans le même milieu, deux âges dont les exigences et les conditions de vie sont si différentes, nécessairement tous deux souffrent. Le plus fort tyrannise, le plus faible se révolte. Regardez, c'est un combat qui s'établit : l'enfant résiste ; on s'acharne contre lui ; il résiste de plus belle ; il se sent dans son droit, l'enfant. Comment souffrirait-il les persécutions de ceux dont il ne doit attendre que des tendresses ? Il s'obstine, et l'on augmente les rigueurs.... puis on pardonne, on pleure, on le cajole, et... dix minutes après, on est revenu à la sévérité, à la dureté.... c'est une nouvelle scène de larmes et de colères. Ces pères sont durs, cruels, faibles et bêtes dans le même quart-d'heure. — Oh ! nous savons qu'il ne manque pas de braves gens qui appellent cela les douces jouissances de la famille et de l'intérieur. Leurs enfants leur sont une occupation ; ils s'occupent à les fâcher et à les amuser, à les contrarier et à les punir ; et, par ces vicissitudes d'autorité et de tendresse, ils se témoignent à eux-mêmes qu'ils sont gens ayant à la fois du caractère et des sentimens.... et de plus assez d'intelligence ; car ils appellent cela initier leurs enfans à la vie et leur faire le caractère !

Pauvres malheureux enfans ! il faut donc que dans ce désordre civilisé la souffrance vous vienne des cœurs mêmes où la nature a versé pour vous des sources vives d'amour et de tendresse ! il faut qu'un père, qu'une mère vous tirent tous les jours tant de larmes des yeux ! Que peut-il donc sortir de bon de ces contrariétés incessantes, de ces luttes inintelligentes, cruelles et odieuses à la nature? Ah ! pitié! pitié du moins pour les enfans !

§. II.

APPLICATION : SÉRIE DES BONNES; CONSTRUCTION DES SÉRISTÈRES DE LA PREMIÈRE ENFANCE.

> *Sinite parvulos venire ad me.* Laissez venir à moi les petits enfans.   JÉSUS-CHRIST.

En Harmonie, on comprend qu'autre chose est la vie d'un enfant, autre chose celle d'un homme, et que les différentes conditions de vie, de caractère, d'action, demandent à se développer dans des milieux différens, appropriés à ces conditions. On ne jette pas pêle-mêle tous les âges dans le même appartement, comme chez nous. L'enfant n'est pas, pour cela, soustrait à la vue et à la tendresse de ses parens, comme nos enfans envoyés au loin en nourrice ou en pension, — car nous avons tous les extrêmes et tous les vices. —Non, ici les enfans sont élevés à côté de leurs parents; ils habitent le même édifice. Mais dans cet édifice, où tout est entendu, prévu, combiné, l'enfance a ses quartiers à elle. Ce n'est plus la séparation et l'oubli ; et ce n'est plus l'incohérent, l'insupportable et fatal mélange des âges et des natures. Le berceau n'est plus à trente lieues, et il n'est plus dans la salle à manger, ni dans la cuisine ; vous ne verriez plus dans le Phalanstère, comme en nos maisons, les drapeaux salis des marmots, étendus, pour sécher, aux fenêtres de tous les étages et de toutes les pièces.

Entrons dans le quartier de la Basse-Enfance. Voici de grandes salles aérées, propres, élégantes, affectées aux différens âges et aux différentes natures. Ici tout est calculé pour les convenances d'hygiène et de premier développement sensitif. Les Civilisés savaient, dans leurs serres et leurs magnaneries, ménager avec art un milieu convenable à des vers-à-soie et à des végétaux exotiques : on sait ici, dans les appartemens de l'enfance, gouverner l'air, la température et la lumière, et faire une atmosphère salubre et favorable aux nourrissons qui y respirent. C'est un luxe de propreté, de soins et de bonne tenue ; car la Phalange veille avec amour sur le berceau des générations naissantes ! Ses fils ne sont-ils pas son bel orgueil et son plus cher trésor ?

Aussi les fonctions qui se rattachent à la pre-

mière enfance sont-elles, dans les Phalanges,
des fonctions hautes et vénérées. Un saint caractère de *maternité corporative* s'unit à ces services
et les ennoblit. La *série des bonnes,* qui se dévoue
aux pénibles soins réclamés par la Basse-Enfance
sera l'un des *ordres religieux de l'Avenir.*

Il est fâcheux que nous soyons obligés de nous
servir souvent , pour désigner des fonctions et
des fonctionnaires d'Harmonie, des mots qui
désignent les fonctions et les fonctionnaires correspondans dans la société actuelle. Ces mots
emportent avec eux dans la Phalange l'idée et
l'image qu'ils représentent aujourd'hui, et chacun ne se fait pas facilement à voir, sous ces mots,
qui restent les mêmes , la belle et noble transfi-
guration que les choses ont subie. —Qui vou-
drait, par exemple , se représenter les Bonnes
d'Harmonie, ne devrait pas se figurer nos mercenaires, dépourvues d'éducation, dont l'intelligence est restée sans culture , et qui subissent un
service de domesticité, parce qu'il faut vivre.

La Série des Bonnes compte dans son sein les
plus nobles dames et les plus gracieuses demoi-
selles de la Phalange ; elle n'admet que des femmes
attirées par une vocation décidée aux fonctions
de *Maternité corporative,* et justifiant de capacité

spéciale pour le rôle qu'elles ambitionnent. Le lustre que l'importance de ces fonctions jette sur la corporation, les distinctions qui lui sont réservées, les priviléges qu'on y acquiert par l'élévation aux grades successifs, sont des appâts qui attirent de bonne heure les jeunes filles que la nature y prédispose. D'abord simples auxiliaires, comme dans les autres Séries, elles ne sont agrégées et ne prennent leurs grades qu'en justifiant de zèle, d'habileté et de connaissances proportionnelles. Puis, le service se fait dans cette Série comme ailleurs, en séances de courte durée ; la faction est de deux heures, et puisqu'il faut que les Séristères des enfans soient toujours garnis, surveillés et gouvernés, les escouades de Bonnes se succèdent régulièrement, et se relèvent de poste à momens déterminés.

La Série des Bonnes opère sur les deux premiers termes de la Basse-Enfance, les *Nourrissons* ou allaités, les *Poupons* ou sevrés. (Voyez le tableau de la *Phalange en grande échelle,* page 93, et plus loin, page 467.) Ces deux termes fournissent plusieurs subdivisions d'âges, de tempéramens et de caractères, qui forment autant de groupes différens ; tous ces groupes commandent des locaux et des fonctionnaires particuliers. Ainsi, dans l'une et l'autre division, vous aurez

d'abord les subdivisions suivantes tirées des caractères :

$$\text{Nourrissons et Poupons.} \left\{ \begin{array}{l} \text{Pacifiques.} \\ \text{Mutins.} \\ \text{Désolans.} \end{array} \right.$$

Il est évident que ces six catégories demandent à être logées dans six salles différentes, et
exigent des subdivisions analogues dans la Série
des fonctionnaires, par exemple :

Les Bonnes des Pacifiques, ce sont les moins patientes ;
Les Bonnes des Mutins, sont celles de caractère moyen ;
Les Bonnes des Désolans, sont les victimes ou endurantes.

Ces correspondances générales indiquées par
la nature même des choses, se produisent
spontanément, car l'Attraction conduit chacun
à son poste, sous le régime de la liberté harmonienne.

En poussant plus loin les subdivisions d'âge,
de caractère ; ajoutant celles qui dérivent des
tempéramens, des méthodes différentes, des systèmes d'allaitement, etc. ; on aura une Série
composée d'un nombre suffisant de Groupes : et
mieux les subdivisions seront faites, mieux s'en
trouveront les enfans ; mieux encore elles se prê-
teront aux aptitudes et aux goûts particuliers des
fonctionnaires. Toujours le travail parcellaire et

la liberté d'aller à la nuance de fonction où l'attraction vous invite.

La Série des Bonnes, dont les rôles exigent
beaucoup de qualités, tire donc un grand lustre
de l'importance de ses fonctions ; elle distribue
des appointemens considérables, et fournit beaucoup d'avancement, vu le grand nombre d'of-
ficières que la surveillance exige. Cette Série fait
à la fois partie du corps sacerdotal et du corps
médical. A tous ces titres, et grâce à cet amour
des petits enfans, que la nature a mis au cœur de
la femme, amour qui se montre de si bonne
heure, à l'état d'instinct, dans les soins dont la
poupée est d'abord l'objet, — la Série des Bonnes
recrute dans tous les âges, dans toutes les conditions, et compte dans ses rangs une bonne frac-
tion du contingent actif des dames de la Phalange : — il n'est pas rare de voir de jeunes filles
de sept à dix ans, déjà fort zélées, et très-expertes
au service des Poupons et Nourrissons. — Il était
bien nécessaire que les Attractions fussent distribuées de telle sorte que cette Série pût compter
un nombreux personnel ; car elle doit être, ainsi
que nous l'avons remarqué, en activité continue,
veiller jour et nuit sans relâche ; bien différente
en cela de la plupart des autres Séries, qui n'agissent qu'à intervalles quelquefois fort éloignés.

Mais essayez de trouver la nature en défaut; essayez de trouver des travaux *nécessaires* qui n'aient pas leurs *attractions proportionnelles* dans l'humanité?

Voici donc nos différentes salles affectées aux différens ordres de la Basse-Enfance, puis les » pièces accessoires, comme dortoirs séparés » des salles bruyantes, pièces affectées aux fonc- » tions des Bonnes et Nourrices, et des méde- » cins qui visitent chaque jour les enfans, sans » distinction de riches ni de pauvres. » (*Fourier, Nouv. Monde, pag.* 201.)

Comme tout ici respire l'ordre, l'intelligence prévoyante, et la tendre sollicitude de la Phalange pour ses enfans! que les mères, qui viennent à chaque moment allaiter, caresser, et soigner elles-mêmes leurs nourrissons, ont de gracieuses paroles pour celles qui se sont si heureusement associées à leur maternité, pour ces secondes mères dont les Groupes rivalisant d'habileté, d'amour et de zèle, veillent incessamment sur les petits enfans!!—Laissons parler Fourier :

« La Civilisation, toujours *simpliste*, ou simple dans ses méthodes, ne connaît que le berceau pour asile du nourrisson; l'Harmonie, qui opère partout en ordre composé, donne à l'enfant deux situations; elle le fait alterner du berceau à la natte élastique. Les nattes sont placées à hauteur d'appui, leurs supports forment des cavités où chaque enfant peut se caser sans gêner ses voisins. Des filets de corde ou de soie, placés de distance en distance, contiennent l'enfant sans le priver de se mouvoir, ni de voir autour de lui, et d'approcher l'enfant voisin, dont il est séparé par un filet.

» La salle est chauffée au degré convenable pour tenir l'enfant en vêtement léger, et éviter l'embarras de langes et de fourrures. Les berceaux sont mus par mécanique : on peut agiter en vibration vingt berceaux à la fois. Un seul enfant fera ce service, qui occuperait chez nous vingt femmes.

» Les Nourrices forment une série distincte et doivent être classées par tempérament, afin qu'on puisse les assortir aux enfans, surtout dans les cas de changement de lait. Le nourrissage indirect est fort usité en Harmonie, parce qu'il est très-lucratif et peu fatigant, et parce que les Harmoniens, plus judicieux que J.-J. Rousseau, penseront que lorsque la mère est d'une complexion délicate, il est très-prudent de donner à l'enfant une nourrice robuste; c'est le greffer, le renforcer, la nature veut ces croisemens; si on accole un enfant faible à une mère faible, c'est les exténuer tous deux pour l'honneur d'une rêverie morale. Au reste on s'appliquera beaucoup à perfectionner le régime d'allaitement artificiel, et l'employer concurremment avec le naturel, ou isolément. Dans l'état sociétaire, une mère, quelque opulente qu'elle soit, ne peut jamais songer à élever son enfant chez elle isolément; il n'y recevrait pas le quart des soins qu'il trouve au Séristère des pouparts ou nourrissons; et avec toutes les dépenses imaginables, on ne pourrait pas y réunir une corporation de *Bonnes passionnées*, intelligentes, se relayant sans cesse, en trois caractères assortis à ceux des enfans. Une princesse, malgré tous ses frais, n'aurait pas des salles si habilement soignées, des nattes élastiques, avec voisinage d'enfans qui se servent réciproquement de distraction, et sont assortis en caractères. C'est principalement dans cette éducation de prime enfance qu'on reconnaîtra combien le plus riche potentat civilisé est au-dessous

des moyens que l'Harmonie prodigue aux plus pauvres pères et
enfans.

» Loin de là tout est disposé en Civilisation, de manière que le
nourrisson fait le tourment d'une maison organisée pour le tourmenter lui-même. L'enfant, sans le savoir, désire les dispositions
qu'il trouverait dans un séristère d'Harmonie ; à défaut de quoi
il désole par ses cris, parens, valets et voisins, tout en nuisant
à sa propre santé.

» A l'âge de 6 mois, où nous ne songeons pas à donner aux
marmots le moindre enseignement, on prendra de nombreuses
précautions pour former et raffiner leurs sens, les façonner à la
dextérité, prévenir l'emploi exclusif d'une main et d'un bras qui
condamne l'autre bras à une maladresse perpétuelle ; habituer dès
le berceau l'enfant à la justesse d'oreille en faisant chanter des
trios et quatuors dans les salles de nourrissons, et promenant les
poupons d'un an au bruit d'une petite fanfare à toutes parties. On
aura de même des méthodes pour joindre le raffinement auditif
au raffinement musical, donner aux enfans la finesse d'ouïe des
rhinocéros et des cosaques, exercer de même les autres sens.

» Il est, sur chacun des 5 sens, quantité de perfectionnemens
auxquels on façonnera l'enfant harmonien. Les Bonnes auront
sur la culture du matériel divers systèmes en rivalité. De là vient
que l'enfant sociétaire sera, à 3 ans, plus intelligent, plus apte
à l'industrie, que ne le sont à 10 ans beaucoup d'enfans civilisés qui n'ont à cet âge que de l'antipathie pour l'industrie et
les arts.

» L'éducation civilisée ne fait éclore chez l'enfant au berceau
que des manies anti-sociales : chacun s'exerce à lui fausser les
sens, en attendant l'âge où on lui faussera l'esprit. Si c'est en
France, les parens et valets lui chantent à l'envi des airs faux et
sans mesure : partout on lui ôte l'usage des doigts de pied et on
l'habitue à se fausser un bras.

» Le rôle de Bonne exigera donc de nombreux talens, et ne se
bornera pas comme en France à chanter faux et faire peur du
loup. Les Bonnes s'exerceront surtout à prévenir les cris des en-

fans ; le calme leur est nécessaire, et ce sera sur l'art de le maintenir que s'exerceront les prétentions cabalistiques et émulatives.

» Le vacarme des petits enfans, si désolans aujourd'hui, se réduira à peu de chose ; ils seront très-radoucis dans les séristères, et il en est une raison bien connue, c'est que les caractères querelleurs s'humanisent avec leurs semblables : ne voyons-nous pas chaque jour les férailleurs et pourfendeurs devenir fort doux, et renoncer à l'humeur massacrante quand ils se trouvent en compagnie de leurs égaux ? Il en sera de même des marmots élevés dans un séristère d'Harmonie et distribués en plusieurs salles de caractère. J'estime que ceux de 3e. genre, les diablotins ou démoniaques, seront déjà moins méchans, moins hurleurs, que ne sont aujourd'hui les benins. D'où naîtra ce radoucissement ? Aura-t-on, selon le vœu de la morale, *changé les passions des petits enfans?* non, sans doute ; on les aura développées sans excès, en leur procurant les délassemens de réunion sympathique, la distribution en séries trinaires, en groupes de caractères benin, mixte, et malin, dans les 2 âges de prime enfance, comprenant Nourrissons et Poupons.

» Quelle distraction donne-t-on à ces diaboliques rejetons. Ce sera chose à inventer par les Bonnes : stimulées par les rivalités de méthodes, elles auront, en moins d'un mois, deviné ce qui peut calmer les enfans, et mettre fin à leur infernal charivari. Je me borne à établir en principe, la nécessité de les réunir en corps, et les distribuer par Séries d'âge et de caractère, de même que les Bonnes par Séries de caractères et de systèmes. La Série est toujours la boussole de toute sagesse en harmonie sociétaire ; c'est le fanal que Dieu nous présente dans le rayon de lumière. S'écarter du régime sériaire, c'est s'engager à plaisir dans les ténèbres.

» Le point où il est le plus à craindre d'échouer, c'est dans la tenue des petits enfans, parce qu'ils ne peuvent expliquer ni leurs besoins ni leurs instincts ; il faut tout deviner : quel en est le moyen? celui qu'indique l'Attraction pour les pères mêmes ; for-

mer en tout sens des Séries, en fonctions, en salles, en tempéramens, en caractères, en âges, en méthodes et en tout.

» La Cabaliste, dans les salles où l'on élève les Nourrissons et
Poupons, a pour aliment les méthodes rivales que pratiquent les
Bonnes, dans la Phalange et dans les voisines. Ces méthodes sont
un sujet de débat et d'esprit de parti chez les parens; ils ont l'option de confier leur enfant à telle classe de bonnes, sauf adhésion
de celle-ci; elles ne reçoivent pas un enfant capable de compro-
mettre leur renommée. Si pour vice de tempérament ou excès de
malignité, il n'était admis par aucun groupe de bonnes, on le
placerait à la salle d'ambigu, soignée comme d'autres.

» Les règles données sur l'éducation de la prime enfance, ne
sont que l'application des principes généraux établis; et comme
elles s'étendront à tous les âges, à toutes les relations, l'on voit
que le Créateur a pourvu à tout par des méthodes fort simples
dont l'observance garantit de tout écart. Cessons donc de prêter
l'oreille aux alarmistes qui nous effraient de l'impénétrabilité des
mystères : l'Evangile leur disait : *cherchez et vous trouverez;*
mais en éducation comme en tout, ils ont mieux aimé faire le
commerce de systèmes arbitraires et répressifs, que de chercher
le système de la nature, qui, une fois connu, donne congé à
toutes ces méthodes civilisées tendant à réprimer et changer les
passions, soit des enfans soit des pères.

Nouveau Monde, pag. 205 et suiv.

§. III.

COMPARAISON DES RÉSULTATS.

> Et quand vous êtes tout de haine ou d'apathie, s'il n'y
> avait pas à délivrer des anges sur cette terre malheu-
> reuse , ce serait justice de vous y laisser avec ceux
> que vous ne savez ni améliorer ni aimer.
>
> CLARISSE VIGOUREUX.

Nous ne nous arrêterons pas plus longtemps aux deux premiers ordres de la *Basse-Enfance*, où l'éducation, purement matérielle, se borne à une culture toute sensitive. Nous donnons une esquisse et non un traité d'éducation ; nous nous contentons de montrer que l'éducation si ingrate de ce premier âge, se prête comme toute autre fonction à l'application du procédé sériaire ; et puis, nous ne pourrions pas décrire tous les détails, tous les moyens ingénieux, toutes les inventions heureuses que l'on admirera dans les Séristères de l'enfance, par la raison que nous ne pouvons pas prévoir tout ce que les Groupes et Séries de Bonnes créeront et perfectionneront chaque jour. Le rôle de la théorie est d'établir les conditions justes : les effets harmoniques se développent d'eux-mêmes sous le régime générateur de l'Harmonie ; ici comme toujours l'ordre sériaire n'est que l'expression des convenances de nature.

Les convenances de nature ne veulent pas que
l'enfant soit tenu isolément; méthode qui exige
une femme par enfant, souvent deux, la mère
et la bonne, et qui prive l'enfant des distractions dont il a besoin. Ces convenances repous-
sent de même le pêle-mêle des âges et des caractères. La différence des natures exigeant la
différence des milieux et des régimes, il faut nécessairement avoir recours aux catégories sériaires pour mettre les choses en rapport avec
les convenances naturelles; cela fait, le bien
vient de soi-même. — Si l'on se tient en dehors
de ces convenances, le milieu est faux, l'institution est fausse, les enfans souffrent, ceux qui les
soignent souffrent, les parens souffrent, et tout
va mal, avec beaucoup de peine, et les enfans
ne sont pas élevés, ou sont mal élevés. — Voyez
seulement aux Tuileries, par un beau jour, les
groupes de ces enfans au bourrelet, qui s'approchent les uns des autres, se tendent leurs petits
bras, et s'amusent de leurs joujoux, du sable, des
cailloux, des fleurs. Ces enfans ont un air de
contentement et de joie; ils s'animent de la
gaieté bruyante des groupes de petites filles et
de petits garçons qui courent, sautent, dansent
à la corde, conduisent leurs cerceaux et s'épanouissent en mille jeux. Qui peut nier qu'en ce
moment ces frêles créatures n'aspirent, avec l'air,

de la santé, de la force et du bonheur? — Deux heures plus tard, quand ces poupons seront séparés et ramenés chez leurs parens, ils pleureront, crieront à merci et désoleront la maison. Certes, ils ne seront plus dans des conditions de santé, de force et de bonheur : leurs larmes, leurs cris acharnés ne le prouvent que trop.

Il faut à nos enfans des compagnies assorties et variées, des distractions, une atmosphère de joie, des soins intelligens et dévoués, un développement doux et facile. Il leur faut les Bonnes, les grands Séristères, et les joyeux jardins des Phalanges! toutes les mères comprennent ceci. C'est pour leurs enfans la santé, la vie forte et le bonheur, dès l'âge où chez nous ils pleurent, souffrent et font souffrir, où leur santé s'altère et se flétrit; dès l'âge où il en meurt tant dans les bras des pauvres mères....

Jusqu'ici nous n'avions fait que développer au point de vue théorique le mécanisme sériaire et ses résultats généraux. Voici la première application spéciale du procédé, son premier emploi sur un détail déterminé, sur un service, sur un service de première importance par son objet, mais des plus pénibles, des plus difficiles, des plus ingrats par ses exigences, — l'éducation des deux premiers ordres de Basse-Enfance. Or, que pensez-vous du résultat? que pourriez-vous désirer, que pourriez-vous imaginer de mieux? je vous suppose tout-puissant, je suppose que vous allez être obéi par enchantement, que vous n'avez qu'un mot à dire pour que l'on se conforme à votre volonté autour de vous. Qu'ordonnerez-vous de mieux pour l'éducation de la Basse-Enfance? Est-il un système, une méthode, une combinaison plus heureuse, plus souhaitable? — Non, n'est-ce pas, non, de bonne foi, non.

Eh bien! cette combinaison si belle, si bonne, si intelligente, cette combinaison qu'il faudrait réaliser par des sacrifices, par des réglemens, par des lois, cette institution qu'il faudrait construire à grandes peines, — elle se réalise spontanément, elle se construit d'elle-même, tous ces élémens viennent volontairement se mettre à leur place, au sein des conditions harmoniennes! qui contestera l'amour des femmes de la Phalange pour les enfans de la Phalange? pour leurs enfans, pour les enfans de leurs sœurs, de leurs frères, de leurs amis, de leurs amies, de tous les êtres pour qui elles sont passionnées à un titre quelconque?

Refusera-t-on que le cœur de la femme est

attiré par un doux et divin magnétisme vers toute douleur pour la calmer, vers toute faiblesse pour la secourir? est-ce que le cœur de la femme ne la mène pas près du berceau de l'enfant qui pleure, près du fauteuil du vieillard, au chevet de tous les malades, « des malades qu'elles touchent sans les blesser? » Qui oserait dire que les petits enfans courraient risque d'être abandonnés, pleurans et malades, et leurs salles désertées par les femmes de la Phalange, parce que le service de ces enfans est devenu un service intelligent, noble, libre et pieux, au lieu d'être un service inintelligent de domesticité salariée, et salariée d'un misérable salaire? Dirait-on encore que les pères de la Phalange, que la Phalange tout entière refusera d'environner de tous les honneurs qu'elle mérite, cette noble et dévouée corporation de la maternité? cette Providence vivante qui veille sur le berceau des générations, et dont l'œil ne se ferme pas? Non, on ne le dira pas; non, on ne calomniera pas, on ne blasphémera pas; — et nous disons ce dernier mot, parce que calomnier le cœur de la femme et l'esprit de l'humanité, est le plus grand de tous les blasphèmes (1).

(1) Mille autres usages aussi étrangers à nos mœurs ont été conservés dans le Léonais. Quand une femme devient mère, du pain blanc et du vin chaud sont envoyés de sa part à toutes les

Comparons les choses :

Aujourd'hui, nous avons des enfans, et en
grand nombre, abandonnés par leurs pauvres
mères, des enfans laissés là, exposés ; il nous
faut des tours et des hospices d'enfans-trouvés
pour les recevoir, pour qu'ils ne meurent pas sur
nos routes, sur le pavé de nos rues. — En Harmonie, un enfant serait sans parens, il sortirait

femmes enceintes du voisinage. C'est à la fois une annonce et un
souhait d'heureuse délivrance : c'est un repas de communion entre
la jeune épouse devenue mère, et celles qui attendent ce doux
nom. Du reste, la naissance est un événement religieux et solen-
nel, entouré de mille détails touchans. L'accouchée a autour d'elle
toutes les jeunes mères du voisinage ; chacune sollicite comme une
grâce la faveur de présenter la première son sein au nouveau né ;
car, à leurs yeux, l'enfant qui vient de voir le jour, est un ange
qui arrive du ciel ; les lèvres innocentes sanctifient le sein qu'elles
pressent pour la première fois et *portent bonheur !* Cette croyance
est si vive, que le nouveau-né passe de bras en bras, et ne re-
tourne sur le sein de celle qui lui a donné le jour, qu'après avoir
trouvé autant de mères qu'il y a de jeunes épouses. Si par malheur la mort lui enlève sa mère véritable, ne craignez pas qu'il
reste sans appui. Le recteur de la paroisse vient près de son berceau, que les femmes entourent silencieusement, et prend l'enfant
dans ses bras, et choisissant parmi les mères qui sont là devant
lui celle qui lui paraît la plus digne de ce dépôt précieux :

— Tenez, lui dit-il, voilà un fils que Dieu vous donne !

— Merci ! dit la pauvre femme ; et elle emporte l'enfant dans
ses bras.

Parfois, cependant, lorsque les voisines de la morte sont trop
misérables pour qu'aucune d'elles se charge seule du nouveau
né, il leur reste en commun, et comme une propriété indivise.

tout nu de terre, qu'il n'en serait pas moins assuré de soins aussi dévoués, aussi tendres que
tous ceux qui ont des mères. En Civilisation, vous
voyez des enfans perdant leurs mères, des mères
perdant leurs enfans; — dans les Phalanges,
l'enfant qui n'aurait pas de mère trouverait des
mères, et la femme à qui la nature refuse des
enfans trouverait aussi des enfans.

Chez nous, les enfans des classes les plus nom-

Une d'elles le loge, mais chacune a son heure pour le soigner,
lui donner son lait. Nous avons vu de ces femmes qui se levaient
la nuit pour aller à des distances assez grandes payer ainsi leur
impôt de mère, et jamais une plainte n'est venue frapper nos
oreilles.

A Saint-Pol, les nourrices ne commencent jamais à soigner un
enfant sans faire le signe de la croix, et elles arrosent d'eau bénite
les langes dont elles l'enveloppent.

Du reste, l'espèce de sainteté et de respect dont les nations sauvages entourent l'enfance, existe aussi dans le Leonais. Nul ne
passera près d'une femme tenant un nourrisson sur ses genoux,
sans lui dire avec une inclination de tête amicale :

— Dieu vous bénisse !

Si vous négligez cette salutation bienveillante, la mère vous
suivra d'un regard inquiet, car vous avez jeté un *mauvais œil*
sur son enfant; et il n'y a que les amis du démon, disent les
femmes des campagnes, qui passent devant une nourrice sans lui
souhaiter la bénédiction du ciel. Les haines les plus envenimées
se taisent également à la vue d'un faible enfant. Il suffit qu'un
homme porte son fils dans ses bras pour arrêter le *pen-bas* (1)
de son plus implacable ennemi....

(ÉMILE SOUVESTRE, *Les Derniers Bretons.*)

(1) Bâton à tête.

breuses sont, dès leur naissance, abandonnés aux
plus tristes conditions de développement; ceux
même des classes riches, sont loin d'être placés
dans des conditions heureuses; aussi la maladie
et la mort exercent sur nos enfans de furieux ra-
vages. — En Harmonie, les choses sont telles que
des mères de Rois ne pourraient pas réaliser chez
elles, pour leur nourrissons royaux, ce qui est
réalisé dans la Phalange pour TOUS les enfans
de la Phalange. — Au service de notre domesticité salariée, inintelligente et dont le caractère
étouffe la dignité humaine, vous avez substitué
un service intelligent, corporatif, et noble jusqu'à la religiosité !

Enfin, si vous calculez les dépenses d'argent,
de peines, de temps, que coûte la pitoyable administration de la Basse-Enfance dans la société
actuelle, vous voyez la combinaison sociétaire,
qui produit de si bons fruits, réduire ses dépenses en proportion même de l'excellence de
ses fruits !

Mais continuons notre étude; suivons nos enfans après leur sortie du berceau, et voyons sous
quelles heureuses influences ils vont faire leurs
premiers pas dans la vie active et intelligente.

CHAPITRE SIXIÈME.

Education harmonique. — Seconds développemens.

ÉDUCATION ACTIVE. INITIATION DE L'ENFANT A LA VIE SOCIALE-INDUSTRIELLE.

> J'aime tes mouvemens, si souples quand tu joues :
> J'aime à voir les couleurs qui nuancent tes joues,
> Tes pas légers glissant sur les gazons foulés,
> Ta bouche qui sourit, et ta grâce ingénue,
> Et les cheveux tombant sur ton épaule nue,
> Tout blonds et tout bouclés.
>
> ANAÏS SÉGALAS.

> Nous concevons l'hésitation et le découragement des personnes qui ont jeté un regard intelligent sur les principes et les systèmes divers qui se disputent le champ de l'éducation. Cependant, nous les supplions de ne point désespérer, et de chercher avec nous le bien, loin des vieilles ornières.
>
> DÉSIRÉ LAVERDANT

> Votre science égale celle de ces docteurs de la loi qui voulaient éloigner de Jésus ce petit peuple d'enfans qui s'en approchait curieux et confiant, par un sentiment instinctif, et comme pour recevoir un souffle de délivrance et de vie du divin Rédempteur.
>
> CLARISSE VIGOUREUX.

> Si est-il difficile de forcer les propensions naturelles : d'où il advint que par faute d'avoir bien choisi leur route, pour néant se travaille-on souvent, et employe-on beaucoup d'aage, à dresser des enfans aux choses, ausquelles ils ne peuvent prendre pied.
>
> MONTAIGNE.

Si l'on veut que le mot Éducation ait un sens, un bon sens, il faut, nous l'avons vu, placer les êtres à élever, dans des milieux et sous des régimes

spéciaux et correspondant aux exigences spéciales de leurs diverses natures; en un mot, il
faut établir les classifications naturelles, autrement dit, avoir recours au *procédé sériaire*. Si
nous avons reconnu la nécessité de locaux, de
salles, de régimes, de fonctionnaires distincts
pour les différentes variétés d'enfans au berceau
et à la lisière, adaptés en tout point aux exigences particulières à ces variétés, on comprend
la nécessité de se conformer à des convenances
analogues pour les âges postérieurs. Autre chose
est l'enfant à la mamelle, autre chose est l'enfant
qui court dans les jardins. Il est facile maintenant de saisir la haute valeur de la classification
que nous avons fait connaître, page 93 (1), la
distribution de la Phalange en seize Tribus et
trente-deux Chœurs. Ce n'est plus seulement
l'ordre de parade, la magnifique manifestation
de cette vie totale et unitaire de la Phalange,
composée de toutes les vies moléculaires de ses
membres réunis par affinités électives en un tout
harmonique, en un seul Être social, agissant,

(1) Rectifions ici une erreur qui s'est glissée tout le long du
tableau de la page 93. Le mot *Chœur* s'y trouve sept fois répété
à la place du mot *Tribu*. La *Tribu* est la division d'âge; et chaque
Tribu se divise en deux Chœurs, le masculin et le féminin. La
Série est ainsi composée de 16 Tribus et 32 Chœurs. Ces deux
expressions sont parfaitement choisies pour le sens auquel elles
sont affectées chacune.

manœuvrant, vivant comme un seul homme ; cette distribution, cette échelle des âges est encore le cadre obligé, le cadre donné de l'éducation naturelle. Les Chœurs successifs sont en rapport avec les conditions successives de la vie ; au fur et à mesure de ses développemens, de ses progrès, l'enfant s'élève sur les degrés ascendans de l'échelle. Monter ainsi d'un Chœur à un autre, c'est, pour l'enfant, prendre ses grades dans la vie. Rappelons ici les premiers termes de l'échelle :

Tribus.	Genres.	Ages.	Phases de l'Éducation.
	Nourrissons. . .	0 an à 1 an.	
	Poupons.	1 an à 2 ans·	1re. PHASE,
	Lutins.	2 ans à 3 ans·	Basse-Enfance.
1re.	Bambins.	3 ans à 4 1/2.	
2e.	Chérubins. . . .	4 1/2 à 6 1/2.	2e. PHASE,
3e.	Séraphins. . . .	6 1/2 à 9 ans.	Moyenne-Enfance.
4e.	Lycéens.	9 ans à 12 ans.	3e. PHASE,
5e.	Gymnasiens. . .	12 ans à 15 1/2.	Haute-Enfance.
6e.	Jouvenceaux. . .	15 1/2 à 20 ans.	4e. PHASE, Adolescence.

Les trois premières *Phases* sont les cadres de la jeunesse *impubère* ; la quatrième contient la jeunesse *pubère* (1).

—————

(1) La vie forte et active de la jeunesse harmonienne retardera, au profit de la vigueur, l'époque de la puberté. Il ne faudrait donc pas s'étonner de voir porter ici à 15 ans 1/2 le terme moyen de cette époque.

Chaque Tribu renferme deux Chœurs, le Chœur masculin et le Chœur féminin. Les seize Tribus et les trente-deux Chœurs, présentant le cadre du personnel *actif* de la Phalange, les trois premiers termes, Nourrissons, Poupons, Lutins, qui ne renferment que des enfans de moins de trois ans, sont hors du cadre d'harmonie active. La Tribu des Bambins (enfans de 3 à 4 ans 1/2) commence seulement à intervenir dans l'industrie active ; aussi cette Tribu est-elle le terme de *transition*, le passage de la *passivité* à l'*activité*.

§. I.

PROBLÈME DE L'ÉDUCATION ACTIVE; OU ÉCLOSION DES VOCATIONS.

Des ressorts d'éclosion (1).

> Sexe fort, vous accusez vos rois quand vous manquez de liberté, et vous même ne l'avez jamais cherchee que pour vous seul, et comme vos rois, vous avez asservi le faible.
>
> Si vous souhaitez la liberté pour vous, cherchez-la dans la Loi qui la donnera à l'humanité entière.
>
> CLARISSE VIGOUREUX.

Nous ne nous sommes occupés jusqu'ici, comme on le voit, que de la première partie de l'édu-

____

(1) La métaphore, *ressorts d'éclosion*, qui, au premier aspect, peut choquer un puriste, devient légitime dans l'application qu'elle va recevoir ici.

cation de la Basse-Enfance, de cette époque où
la vie n'est pour ainsi dire que végétative. Nous
avons montré quelles étaient les conditions de
bonne culture pour la jeune plante. Jusqu'à deux
ans, l'éducation se borne à calculer avec intelligence et à réaliser avec sollicitude toutes les convenances de développement de la vie sensitive ;
jusque-là, elle pourvoit aux besoins, et veille sur
la santé. Elle nourrit et préserve, elle seconde
la nature en l'aidant à former les sens. Voici donc
que quand l'âme s'éveillera, elle s'éveillera dans
un corps sain, apte à la vie, et préparé à s'assi-
miler le *maximum* des forces que la nature a réservées à sa constitution organique. Et plus tard,
quand la force et l'intelligence seront développées
chez l'enfant, quand il aura les yeux bien ouverts à la vie, il entrera dans le jeu de l'activité
générale, il sera, comme tous les autres élémens
mobiles autour de lui, attiré par ses puissances
naturelles, emporté par les forces qui parleront
alors en lui, et le conduiront elles-mêmes, dans
l'œuvre de l'Harmonie sociale, à tous les actes
correspondans à ses prédispositions individuelles.
Une fois l'enfant entré dans le courant de la vie
active, ce sont les circonstances de cette vie qui
font son éducation ; il se développe en marchant
dans le monde, et se mouvant dans sa liberté.

Mais l'enfant ne passe pas brusquement de l'état passif où nous l'avons laissé, à l'état actif dont nous parlons. Son âme ne s'éveille que graduellement; la conscience de ses facultés ne peut lui venir qu'au fur et à mesure de leur développement. Ainsi, entre le moment où l'enfant aura lui-même l'initiative active dans la conduite de sa vie, et les temps de passivité où la force dirigeante lui est tout extérieure, entre ces deux époques se trouve une époque fort intéressante, caractérisée par le passage de la vie végétative et purement individuelle, à la vie sociale; l'époque de l'éveil progressif des facultés, de la conscience, de la liberté. Cette importante transition correspond à la seconde partie de la 1ʳᵉ. *phase* de l'éducation, qui renferme les deux derniers termes de la Basse-Enfance, savoir : les Lutins ou enfans de 2 à 3 ans, commençant à *essayer* leurs forces; et les Bambins ou enfans de 3 ans à 4 ans 1/2, commençant déjà à les *employer;* — les premiers ne figurant pas encore dans le cadre d'activité, les seconds y intervenant déjà quelquefois, et formant pour cette raison la *Tribu de transition.*

Or, évidemment, le problème d'éducation qui se présente pour cette nouvelle classe d'enfans, c'est le problème de l'éclosion des vocations.

Nous avons suivi le principe souverain de nous rallier à la nature ; c'est de ce principe seul que nous avons déduit les lois du régime des deux premières années de l'enfance ; nous avons vu que le vrai et bon régime était celui qui se ployait facilement aux exigences de toutes les individualités. Le régime que nous avons décrit est bon et intelligent, parce que, au lieu d'imposer des lois arbitraires, indépendantes de la nature de l'enfant, il en épie, au contraire, toutes les exigences, pour y conformer ses lois. — Abandonnerons-nous ici ce principe ? Voici l'âme qui s'éveille ; elle sommeillait tout à l'heure. Tout à l'heure que le corps seul vivait, il était sage de demander à ce principe les conditions du développement. Maintenant que l'âme vient vivre avec le corps, n'écouterons-nous pas les désirs de l'âme, comme nous avons écouté les besoins du corps ? La nature humaine serait-elle plus digne d'être écoutée. d'être prise pour boussole dans les besoins du corps que dans les attractions de l'âme ? et faut-il croire que l'harmonie de la nature humaine est détruite à l'avénement de l'âme ? Non, certes non. — Nous avons vu qu'il fallait prendre pour guide les besoins de la vie corporelle, quand il n'y avait encore que la vie corporelle ; à présent que la vie animique va venir, nous prendrons pour guide les indications, les besoins, les désirs

de cette vie nouvelle. Et maintenant la tâche, toute
délicate qu'elle soit, n'est plus ingrate comme aux
premiers temps. Les indications de la nature deviennent claires, faciles à saisir; car l'enfant,
maintenant, va, vient, comprend, parle, aime
et rit. Ecoutons donc la voix de nos enfans, pré-
parons pour eux une éducation convenante à leur
nature, afin de pouvoir, au sein de l'Harmonie,
à ces tendres créatures si longtemps opprimées,
octroyer aussi la belle LIBERTÉ. Voici que les premières plumes sont venues à nos jeunes couvées;
voici qu'elles battent déjà l'air de leurs ailes;
or, les ailes sont faites pour les champs du ciel,
et les plumes brillantes ne doivent pas s'arracher
aux barreaux des cages odieuses, s'y ternir, s'y
ronger, et y pourrir dans les ordures! L'air donc,
le soleil et l'espace aux couvées du printemps!
A nos beaux enfans, que la vie et le plaisir provoquent, le ciel et la liberté !

« Vous voulez donc qu'on laisse faire aux enfans tout ce qu'ils veulent; toutes les sottises
imaginables !... Est-ce qu'il n'est pas connu que
les enfans sont indociles, désobéissans, menteurs,
paresseux, destructeurs?... Nierez-vous que les
enfans ne soient pas possédés de la manie de briser et de détruire, etc., etc..... » Ceci est l'objection inévitable, et je vous assure que, même

ici, après tout ce qui précède, elle sera mille fois présentée. Or, je réponds :

1°. Que l'enfant ne sera pas *désobéissant* quand on ne lui commandera rien, ce qui est le cas général en éducation harmonienne. Quand vous n'aurez plus à lui défendre ce qu'il aime, et à lui imposer ce qu'il n'aime pas, il ne sera plus désobéissant ;

2°. Que l'enfant n'étant pas *paresseux* pour *s'amuser,* il travaillera quand vous aurez su rendre pour lui le travail *amusant ;*

3°. Enfin, que l'enfant ne sera pas *destructeur* quand il sera occupé, ardemment passionné pour l'industrie ; de cela, voici la preuve.

Dans je ne sais plus quel village du département de la Meurthe, résolution fut prise au conseil municipal de planter d'arbres le bord des routes de la commune. Les plantations furent faites. Les enfans du village les détruisirent. On répara les désastres, on planta sur nouveaux frais, et la commune prit ses précautions contre les enfans ; mais ce fut bien inutile. Maire, adjoint, maître d'école, gardes champêtres, tout le personnel du pouvoir, tout ce qu'il y a d'officiellement respectable dans la commune fut mis sur les dents. La manie de destruction était devenue une affaire d'esprit de corps, et de point d'honneur pour toute la gent gamine du village ; cette manie s'était élevée de l'action individuelle à l'action corporative. Les menaces ne servaient pas plus que les exhortations, les exhortations pas plus que les menaces ; la loi, la morale, la crainte, toutes les choses les plus saintes, rien n'y faisait : les arbres étaient pelés, brisés, rasés, à mesure qu'on les mettait en terre. On y avait renoncé.

Mais voilà qu'une idée vient au curé du village ! Il demande au conseil municipal la concession de quelques arpens du terrain communal pour faire son expérience. Il rassemble la légion destructrice sur ce terrain, et lui apprend comment elle va devenir propriétaire de deux à trois arpens de jardins et de vergers, *si elle veut défricher, planter et semer ce terrain* sous sa direction. Le curé fut très-bien compris de sa petite armée, qui, sans plus de délibération, se mit à l'œuvre. On commença par enlever les pierres ; les petits emportaient les petites, les grands les grandes ; ils se réunissaient quatre et six pour pousser les plus fortes. Bref, la place fut nettoyée. Le bon curé fit distribuer des instrumens et arma sa légion comme il put ; les défrichemens commen-

cèrent avec ardeur ; on eut des permissions pour
enlever dans les bois des plants, que l'on arracha
en bon ordre, et qui furent mis en terre, arrosés
et soignés avec intelligence et passion par toute la
bande. Tous ces travaux étaient des fêtes et d'ardentes fêtes pour ces enfans; si bien ils prirent
goût et parti pour les plantations, qu'ils travail-
lèrent très-activement à celles que la commune
recommença sur ses routes, si bien encore que ce
sont eux, maintenant, qui font l'entretien, la
surveillance et la police de ces plantations ! — Ces
enfans étaient-ils *destructeurs, destructeurs-nés,*
destinés à la *destruction ?* Ce fait a été rendu public
il y a quelques années; tous les journaux l'ont répété ; je regrette de n'avoir pas retrouvé dans mes
notes le texte même du journal du lieu, qui le
premier l'avait rapporté. Au reste, je n'ai choisi ce
fait qu'à cause de son authenticité, car j'en aurais
mille analogues à dire ; et quiconque sait obser-
ver et observe un peu les enfans, peut en voir de
semblables tous les jours. Mais cela n'empêche
pas les sottes idées de demeurer dans les cervelles
où elles sont logées ; cela n'empêche pas de dé-
biter toutes sortes de niaiseries sur les prétendus
mauvais penchans natifs de l'homme ; cela n'empêche pas de calomnier sans cesse les malheureux
enfans, et, qui pis est, de les laisser dans les
tristes conditions où ils se trouvent ; — quitte à

les y écraser de sermons inutiles, de morales absurdes et de dures punitions. Pauvres enfans, que vos pères et vos maîtres sont sots !

Je dis que persister avec un entêtement aveugle dans les vieilles mauvaises idées, fermer l'oreille aux paroles si claires de l'expérience et des faits, abandonner, sans intelligence et sans pitié, l'enfance aux conditions douloureuses, aux influences subversives, et ne savoir que la calomnier et la punir ; je dis que cela c'est plus voisin de la brutalité que de l'humanité ! encore fais-je tort aux brutes, car les brutes réchauffent, défendent, nourrissent leurs petits, et ne les calomnient ni ne les punissent.

Les enfans ont besoin de faire et d'agir : vous ne leur donnez rien à faire, rien qu'ils puissent aimer à faire j'entends, et puis vous vous étonnez qu'ils défassent ! ah ! vous vous étonnez que les enfans brisent et détruisent par raison d'amusement, dans un état de choses si harmonique que les pères s'y organisent par bataillons et corps d'armée pour briser, détruire, brûler et tuer par raison D'UTILITÉ ! vous entravez la nature, vous mettez des digues au ruisseau, et vous vous étonnez que la nature brise les entraves, que le ruisseau emporte les digues ! le ruisseau n'est pas

mauvais ruisseau, ruisseau destructeur, parce
que les digues font monter ses eaux, et que ses
eaux renversent les digues ou passent par-dessus.
Ouvrez-lui un bon et libre cours, utilisez sa force
et sa vitesse, usez de ses eaux, il deviendra
source de richesse au lieu d'être instrument de
dégât ; soyez intelligent avec le ruisseau, il deviendra bon ruisseau. — Nous tiendrons désormais pour certain, jusqu'à preuve du contraire,
que la nature de nos enfans est bonne, de la façon
de Dieu, et que pour les facultés de l'âme, aussi
bien que pour celles du corps, la tâche de l'éducation harmonienne est toute à favoriser le développement. Après la culture purement sensitive des deux premières années, nous voici donc
amenés à l'époque où les vocations commencent à
éclore : avisons à résoudre ce nouveau problème.

Il est dans l'œuf un germe ; il est de la nature
de ce germe d'éclore ; mais l'éclosion n'aura lieu
que si l'œuf est placé dans une température
convenable. Il est dans l'enfant de nombreux
germes de facultés industrielles, de nombreuses
vocations ; mais ces vocations ne sauraient éclore
si elles ne sont environnées des circonstances
favorables à leur éclosion.

Si l'intelligence de l'homme est servie par des

organes, il faut que les organes se forment d'a-
bord. Il est donc logique que les exercices du
corps, qui fortifient et développent le corps, précèdent chez l'enfant les exercices de l'intelligence.
La nature a dû spéculer ainsi et distribuer à l'enfant des Attractions proportionnelles à cette
marche, conséquentes avec ce principe. L'Education harmonienne, conforme à la nature, se
prêtera donc à ces Attractions, et laissera au développement matériel, aux exercices du corps,
une salutaire prépondérance sur ceux de l'intelligence, dans les deux premières phases de l'enfance. C'est le meilleur moyen de travailler au
développement postérieur de l'intelligence, que
de préparer convenablement les organes qui doivent la servir. Chaque chose en son temps ; les
bourgeons d'abord et les feuilles, puis après, les
fleurs et les fruits. Vous étiolez, vous tuez la
plante, si vous l'assujétissez à des procédés arti-
ficiels pour la contraindre à intervertir l'ordre
naturel de son développement. Préservez, sou-
tenez, arrosez, nourrissez, voilà votre tâche.

§. II.

ÉTUDE DES PRINCIPAUX RESSORTS D'ÉCLOSION DES VOCATIONS.

> . . . . . Hâtons-nous, ô mes sœurs :
> Car des groupes d'enfans pressent leurs pas agiles,
> Pour nous ravir bientôt nos couronnes fragiles
> Et nos sceptres de fleurs.
>
> ANAIS SÉGALAS.
>
> C'est auprès des voleurs, des meurtriers, qu'il joue,
> Qu'il sourit ; c'est affreux ! s'ils le rendaient méchant !
> Tous ces hommes souillés, tachés de sang, de boue,
> Vont le salir en le touchant.
>
> ANAIS SÉGALAS.

La nature a donné aux enfans des goûts généraux qui président merveilleusement à l'éclosion de leurs vocations individuelles ; examinons quelques-uns des plus remarquables, désignés par les noms suivants :

1°. Le FURETAGE ;
2°. Le *Fracas industriel* ;
3°. La SINGERIE ;
4°. La *Miniature industrielle* ;
5°. L'ENTRAÎNEMENT PROGRESSIF.

1°. Le FURETAGE ou penchant à tout manier, tout visiter, tout parcourir, varier sans cesse de fonctions. Ce penchant est incontestable ; à peine l'enfant est-il en mesure de marcher, d'aller, de voir, de saisir, qu'il s'y livre ardemment. *Il touche à tout,* le mot est consacré ; et l'on sait bien que cette manie désole les parens, et fait faire à l'enfant dans la maison beaucoup de sottises. C'est là un VICE des enfans, un grand sujet de collisions, de punitions et de larmes. Quoi qu'il en soit, prenons acte du fait ; ce penchant existe, enregistrons-le.

2°. Le *Fracas industriel,* goût pour les travaux bruyans. Autre sujet de désolation pour les parens ; mais, tout désagréable qu'il puisse être pour eux, cet amour du bruit, ce penchant à l'entendre et à en faire, est bien réel et bien constaté. VICE si vous voulez, nous l'écrivons.

3°. La SINGERIE, ou manie imitative ; troisième VICE aussi connu que les deux précédens. Dès qu'il peut agir, l'enfant cherche à répéter les mouvemens qu'il voit faire, il imite. N'avez-vous pas vu auprès des maçons, des groupes d'enfans frappant, faute de marteaux, avec de petites pierres sur de grosses pierres, pour tâcher de tailler ces dernières ? ne les avez-vous pas vus chercher à façonner du bois auprès des charpentiers et des menuisiers ? ne font-ils pas l'exercice quand ils ont eu sous les yeux des soldats à la manœuvre ?

ne jouent-ils pas la comédie quand on les a conduits au spectacle? au jardin ils veulent un petit
jardin ; à la cuisine ils veulent cuire, préparer,
éplucher, pétrir; les cuisinières ne peuvent pas
s'en débarrasser : enfin tout ce que les enfans
voient faire, ils veulent le faire.

Dans certaines provinces de France, où tout
esprit social n'est pas encore tué par l'égoïsme et
le mercantilisme civilisés, au village, bien entendu, on voit quelquefois un spectacle curieux,
joyeux et touchant. Lorsqu'un homme ou une
famille pauvre doit se construire une chaumière,
tout le village se donne rendez-vous, le dimanche,
pour le travail de l'apprêt des matériaux. Chacun
s'y mettant, la besogne est bientôt faite ; les
pierres, la terre, les bois, les matériaux sont
amenés sur le terrain, et, en partie souvent, donnés
par les travailleurs à l'envi les uns des autres;
il n'en coûte qu'un déjûner, qui égaie encore le
travail et auquel chacun s'empresse de fournir
Eh bien! c'est une chose infaillible que dans ce
fêtes de travail, décorées de gaieté et de bons
sentimens d'humanité, les enfans sont les athlètes
les plus ardens, les plus infatigables. La contagion
du travail s'étend sur toute l'échelle des âges, et
l'on voit les marmots amonceler du sable, et ap-
porter des cailloux au tas, avec une patience et

une gravité des plus comiques. — Nous le répétons, tout ce que les enfans voient faire, ils veulent le faire.

4°. La *miniature* industrielle, goût des petits
ateliers, petits instruments, etc. Il est constant
qu'on fait le bonheur des enfans en leur donnant
un petit ménage, de petites armes, de petits
chariots, des scies, pioches, pelles et brouettes
miniatures. Ils s'amusent et travaillent des journées entières avec ces sortes de jouets; vous voyez
des enfans de trois ou quatre ans passer des
semaines à colorier des soldats ou des animaux,
si vous leur avez fait cadeau d'un petit attirail
de peinture, etc.

5°. L'Entraînement progressif du faible au
fort. Définissons ceci par un exemple, et, hâtons-nous de le dire, nous serons assez heureux
pour pouvoir fournir de ce caractère un beau,
un bon, un brillant emploi, connu, réalisé, pra-
tiqué de nos jours.

Cet emploi, c'est notre *École mutuelle*. Je dé-
cris ce que j'ai vu de mes yeux, et étudié.

Le procédé étant le même pour tous les sujets
d'enseignement, je me borne à parler de ce qui
est relatif à la lecture et à l'écriture. C'était dans

une grande salle oblongue, propre, blanche, haute, aérée et bien éclairée. A l'une des extrémités s'élève le bureau du directeur, qui voit toute la salle, comme il est en vue de tous les points. En face du bureau sont rangés parallèlement, jusqu'à l'autre extrémité, douze bancs semblables à ceux de nos colléges. Le premier, au pied du bureau, est occupé par de tout petits enfans qui font avec leurs doigts de grandes lettres sur du sable. Puis, derrière celui-ci, on commence à écrire *en gros* sur l'ardoise, et progressivement, progressivement on arrive aux derniers bancs, où l'on voit fort joliment écrire *en fin* sur le papier. Ces douze bancs occupent le milieu de la salle. Voilà pour l'écriture.

Pour la lecture, c'est une disposition analogue. — A droite et à gauche des bancs, à hauteur d'appui et contre les murs, on a établi des demi-cercles en fil de fer gros comme le doigt. Chaque demi-cercle forme balustrade devant un tableau noir placé contre le mur, et les enfans rangés autour de la balustrade font face au tableau. Sur le premier tableau noir, on place de grandes lettres blanches, et c'est aux enfans du groupe à nommer ces lettres. Au demi-cercle suivant elles sont plus petites; plus loin, elles sont accouplées pour former des syllabes, puis des mots.

Plus tard on passe de la lecture des imprimés à
la lecture des manuscrits, et le dernier Groupe
déchiffre des manuscrits fort difficiles.

Sans nous occuper de la valeur des *méthodes
particulières* employées pour enseigner l'écriture et la lecture, on voit que cette heureuse
distribution *répartit progressivement les difficultés*
de l'art de lire et de l'art d'écrire, depuis le
premier Groupe où l'on ne sait encore ni lire ni
écrire, jusqu'au dernier, où on lit et écrit très-
bien. Dans chaque Groupe, l'élève qui a fait les
plus belles preuves sous les yeux des autres, est
nommé *Moniteur* pour la semaine suivante ; il
reçoit la médaille et dirige le travail du Groupe,
dont il occupe la première place, les autres le
suivant par ordre du mérite constaté dans la semaine. Puis, quand il a convenablement exercé
le professorat sur un banc ou dans un demi-
cercle, et que quelqu'autre devient capable de
le remplacer, il quitte le Groupe dont il dépasse
la force, et monte plus haut. — On le voit, ce
sont deux Séries progressives ascendantes. Ces
deux Séries sont d'ailleurs indépendantes, et tel
est au 4°. banc d'écriture qui n'est encore qu'au
2°. cercle de lecture, ou réciproquement (1).

(1) Le plus souvent, chose qui a paru bizarre, et qui ne l'est

Or, l'influence de cette disposition est telle que, dans chaque Groupe, tous les élèves rivalisent avec une ardeur extrême, et sont possédés d'une incroyable passion de s'élever sur l'*échelle* des grades et des Groupes. La force de cette aspiration ascendante ne peut être comprise de qui n'en a pas été témoin. Quand une *Ecole mutuelle* est bien gouvernée, comme l'était celle que j'ai eu occasion d'étudier à Salins, les résultats de cette distribution progressive tiennent du prodige; car c'est vraiment un prodige que de voir, en Civilisation, des enfans mépriser en masse les jeux libres pour l'étude, quitter les balles, les billes et les palets pour se précipiter dans la classe à la première ouverture des portes et avant que la cloche les appelle! c'est un prodige que de voir quatre-vingts enfans de trois à douze ans s'instruisant passionnément les uns les autres, sous la direction d'un seul homme, sans férule, sans punitions, sans réprimandes.... Ces enfans tenaient trois heures et quatre heures à l'étude le matin; ils y rapportaient trois heures

pourtant pas, les enfans avancent plus vîte dans la Série de l'écriture que dans celle de la lecture. Ecrire, dessiner des caractères que l'on a sous les yeux, est un acte plus concret, plus matériel, que l'acte de lire, c'est-à-dire de se rappeler des sons et des combinaisons de sons en voyant des caractères et des combinaisons de caractères.

et quatre heures de zèle acharné dans l'après-midi. J'ai vu l'influence de la passion corporative s'exercer sur des enfans si petits, qu'en vérité, si je ne l'avais vu, je n'y pourrais croire. Quand on les avait amenés une fois dans la salle, c'était force majeure à les y ramener toujours.

Je sais qu'il faut, pour que les choses aillent aussi bien, un directeur habile, un homme qui connaisse les enfans, qui sache les comprendre. Mettez là un pédant sans tact, il pourra sans doute déranger la machine, en diminuer infiniment la puissance et l'effet utile. Mais un butor aussi peut détraquer le meilleur chronomètre de Bréguet, sans que cela prouve rien contre le chronomètre.

Certes, avant que les résultats du Mutualisme aient été produits, c'était un problème qui semblait entièrement insoluble et chimérique dans son but, que celui de passionner des enfans en bas âge pour les ingrates études de l'écriture et de la lecture : on aurait ri au nez de quiconque eût affirmé *à priori,* qu'il avait une théorie, un procédé, un moyen pour rendre ces études ATTRAYANTES à une masse d'enfans, plus attrayantes que leurs jeux sur la place. Rendre ce genre de travail attrayant à des enfans aurait paru, à bon

droit, problème plus difficile que la proposition
générale de rendre le travail attrayant pour les
hommes. C'est pourtant chose acquise maintenant, et consacrée par l'irrécusable consécration
du fait. Et à quoi ce beau résultat est-il dû ? Tout
simplement à ce que, dans l'ordre de ces études,
on s'est rallié *partiellement* à la nature ; tout
simplement à ce que l'on a utilisé *une, une seule*
des tendances passionnelles de l'enfance, au lieu
de la briser sous la violence des procédés arbitraires antérieurs. Jugez donc des effets que vous
pouvez attendre en vous ralliant *intégralement* à
la nature de l'enfant, en utilisant *toutes* ses tendances passionnelles !

Il faut distinguer entre le procédé du Mutualisme et l'application que jusqu'ici l'on en a faite.
Le procédé est juste et bon, et prouve avec éclat
la puissance de *l'esprit corporatif ascendant,* de
l'entraînement progressif du faible au fort ; — et
c'est là ce que nous voulions mettre en lumière.
Mais l'application de ce procédé est encore in-
complète, simple, restreinte, et par suite, fausse :
en effet, au lieu de l'étendre au développement
de toutes les vocations de l'enfant, en laissant à
chaque enfant la liberté d'aller aux objets spéciaux vers lesquels sa nature et son âge l'attirent,
à des travaux industriels et intellectuels de toutes

sortes, dans lesquels il aurait à choisir, — on ne l'applique encore qu'aux études intellectuelles et abstraites de l'écriture, de la lecture, de la grammaire, etc., c'est-à-dire à des études fort ingrates par elles-mêmes, eu égard aux âges, et dont le temps n'est pas encore venu pour la plupart des sujets auxquels on les propose. — Remarquez bien que cette lueur, si brillante au milieu des ténèbres de notre système d'éducation, n'est pas autre chose que l'effet d'une application restreinte de la distribution en Groupes contigus et progressifs, c'est-à-dire de la Loi Sériaire.

Nous en avons assez dit pour faire connaître le ressort nommé ENTRAÎNEMENT PROGRESSIF OU TON ASCENDANT, dont la puissance gît dans l'inclination des enfans à suivre l'impulsion de leurs camarades un peu plus forts, un peu plus âgés. Remarquons que l'influence se communique dans l'échelle par les Groupes *voisins*. Le soldat ambitieux est beaucoup plus préoccupé du désir d'être caporal et sergent, que du désir d'être colonel ; ce terme est trop éloigné. De même un Groupe de quatre ans recevra l'impulsion des Groupes de cinq et six ans, plutôt que des Groupes de douze et quinze ; la distance est trop grande. Les enfans de quatre ans *révèrent* ceux de douze et quinze, mais ils sont bien plus vivement *impulsionnés* par ceux de cinq et six, à cause des rapports d'âges, de fonctions et de forces. Les convenances du développement naturel exigeaient que l'Attraction fût ainsi disposée.

Aujourd'hui, en dehors de l'exemple que nous venons de citer, où l'on a su utiliser l'énergie de L'ENTRAÎNEMENT PROGRESSIF pour les études de l'*Ecole mutuelle*, en dehors de ce seul emploi, ce ressort ne conduit nos enfans qu'en des voies subversives. Ceux de dix ou douze ans brisent, cassent, maraudent, narguent les professeurs, méprisent le travail, *fripent* la classe, se battent, sont impudents, menteurs, et font mille tours pendables. Ces leçons-là profitent immédiatement à ceux de huit ans; ce sont des leçons autrement étudiées et suivies que celles des maîtres! puis les garnemens de huit ans forment ceux de sept, et ainsi de suite dès le commencement de la fréquentation. Toutes les bonnes habitudes des polissons civilisés se propagent si bien sur cette échelle, que l'on connaît les peines prises assez vainement, en général, par les parens des enfans bien nés, pour empêcher ces pernicieuses, et souvent très-pernicieuses fréquentations; car tous les vices descendent l'échelle et vont à l'enfance.

Or, en tout ceci, on ne manque pas d'accuser

le penchant, la nature de l'enfant. — « On ne
» peut pas les tenir, » disent les parens et les surveillans, « on ne peut pas les empêcher de courir
» avec les polissons! à peine a-t-on tourné la tête,
» crac! ils vous échappent pour joindre les troupes
» de mauvais sujets. Ils n'aiment que le mal, ils
» n'ont de joie qu'à faire des sottises entre eux! »
— Et voilà! ce même penchant, que nous avons
vu tout à l'heure titré à l'*Ecole mutuelle* de noble
émulation studieuse ascendante, ce même penchant est ici titré de VICE! Qu'y voulez-vous
faire? les Civilisés ne veulent absolument pas que
l'on distingue les causes de leurs effets. Quand il
y a quelque mal, c'est toujours la nature qui a
tort, jamais leurs combinaisons. Ce principe est
admis. Déblatérez contre les passions naturelles
de l'homme et de l'enfant, à la bonne heure!
on vous écoutera, vous serez couronné par les
sociétés philosophiques, politiques, morales, etc.,
votre livre vous vaudra le prix Monthyon.... Mais
malheur à vous, si vous établissez, clair comme
le jour, que les circonstances de l'éducation sont
mauvaises, que les circonstances sociales sont
funestes, que c'est la nature qui a raison, et que
l'on obtiendrait, des passions natives, les plus
magnifiques résultats, si on voulait les employer,
au lieu de les comprimer et de les fausser! Ah!
les pédans et les saints du Sanhédrin vous feront

une belle affaire, et Barabas serait un bien hon-
nête homme à côté de vous.... (1)

Mais, si vous voulez être conséquens, faites
donc des lois contre les couteaux, les bêches,
les pioches, les bâtons, les chaises, et tous les
objets avec lesquels on a coupé des bras, cassé
des jambes, blessé, tué! Punissez, incarcérez
les rivières qui débordent! Nous dirons qu'il vaut
mieux leur ouvrir un lit, faire rouler mille usines,
et féconder les campagnes avec leurs eaux sur
les bords.

Les enfans reçoivent l'impulsion d'en haut. Si
le haut est plein de vices, les vices descendent le
long de l'échelle des âges. Quand les pères ont les
mains remplies d'immondices, les immondices
coulent de leurs mains sur la tête des enfans, et
les marmots ramassent ce qui en tombe à terre.
Si l'âge mûr fait déborder sur l'enfance ses vices
et ses débauches, c'est une monstruosité dont
l'âge mûr ne doit pas faire responsable la nature
de l'enfant. Quand les hommes seront probes,
honorables, ardens au travail et à toutes les belles
et nobles choses, les enfans les imiteront dans la

(1) Voyez, pour preuve, les TROIS DISCOURS A L'HÔTEL DE
VILLE (annoncés à la fin du volume), et la polémique à laquelle
ils ont donné lieu.

voie du bien, comme ils les imitent aujourd'hui
dans la voie du mal. Que le haut se purifie, le bas
deviendra propre.

Le miroir réflète, l'éponge s'imbibe ; si le miroir réflète les laides images qu'on lui présente,
si l'éponge s'imbibe de la liqueur dégoûtante
dans laquelle on la trempe, ce n'est ni le miroir
ni l'éponge qu'il faut accuser. De même pour
l'enfance, qui réflète comme le miroir, qui s'imbibe comme l'éponge. *Tels pères, tels fils,* le pro-
verbe est vrai quand on le prend au pluriel.
N'accusons pas les enfans.

En somme, nous venons de définir le FURETAGE,
le *Fracas industriel,* la *Singerie,* la *Miniature
industrielle,* l'ENTRAÎNEMENT PROGRESSIF (1), penchans fort peu honorés par les pédagogues.

Pour nous, nous allons faire l'éducation de
nos enfans, par la vertu de ces cinq vices, et de

(1) Il serait facile de faire voir que les cinq tendances que nous
venons d'examiner chez les enfans, ne sont autre chose que des
différens modes, plus spéciaux à cet âge, d'expansion des douze
passions primitives, dont la gamme a été exposée page 129. Ceci
n'étant qu'une question d'analyse scientifique, nous nous contentons
de l'indiquer, en énonçant, par exemple, que l'*entraînement
progressif ascendant* est une combinaison d'Amitié et d'Ambition,
surexcitée par la Composite qui vient s'y joindre en se manifestant
dans l'action.

quelques autres encore qui viendront plus tard. Voyons d'abord le point de départ, l'éclosion des vocations.

§. III.

EFFETS DU JEU DES RESSORTS D'ÉCLOSION.

L'autorité d'attraction, ce pouvoir magique et tres-inconnu, qui doit charmer l'enfant rebelle, n'est autre que sa prévention, son engouement pour les chœurs et sous-chœurs un peu supérieurs en âge, ses ainés de 6 mois, d'un an, à peine 2 ans. Ils sont l'objet de son admiration, la classe à qui il ambitionne de s'allier et dont il suit passionnément, humblement, toutes les impulsions. Voilà quel est son maître adoptif; voilà cet instituteur naturel ou attrayant, à la recherche duquel se sont vainement épuisés les cerveaux philosophiques.   CH. FOURIER.

Allons dans les jardins; suis tes compagnes blondes,
    Enfant!....   ANAÏS SÉGALAS.

Ignorant d'un vain joug la science profonde,
Tu ne te courbes pas devant les lois du monde,
    Le bonheur est ta seule loi.
                        ANAÏS SÉGALAS.

Je desirerois que de belle arrivée, selon la portée de l'ame qu'il a en main, il commençast à la mettre sur la montre, luy faisant gouster les choses, les choisir et discerner d'elle-mesme. Quelquefois luy ouurant le chemin, quelquefois le luy laissant ouurir.
                        MONTAIGNE.

Le célèbre Vaucanson était d'abord un petit garçon qui déchirait son rudiment et ne faisait pas grand'-chose avec sa grammaire. On raconte qu'un jour sa mère le mena avec elle chez son directeur de conscience, et qu'ayant, il faut le croire, quelques péchés à dire et quelque instruction dévote à recevoir, elle laissa, trois

heures durant, l'enfant attendre seul dans l'an-
tichambre. Vaucanson s'ennuyait. Il y avait là
une horloge. L'enfant regarda quelque temps le
balancier qui battait les secondes. Puis, comme
la mère ne venait pas, et qu'il s'ennuyait toujours,
le mécanisme de l'horloge l'intrigua : il examina
de plus près ; et bientôt, — les enfans sont si
sots ! — il arrêta le pendule, le remit en mouvement, puis le décrocha. Un quart-d'heure après,
il avait dévissé et revissé avec son couteau deux
autres pièces. Bref, quand la mère, bien con-
fessée, et M. le curé, arrivèrent, on trouva mon
Vaucanson en train de remonter l'horloge qu'il
avait démontée de toutes pièces. La mère, pour
s'excuser auprès du bon curé, qui ne trouvait
pas le mal si grand, monta une morale à son fils,
comme bien on pense. Mais Vaucanson avait pris
goût aux horloges, et malgré la morale, notre
démon trouva moyen, à peu de jours de là, d'en
inspecter une autre. Finalement, il en fit une ;
et comme le succès légitime tout dans le monde,
même les sottises des enfans, on cessa de le
gronder pour s'émerveiller de son adresse et de
son intelligence. C'est comme cela qu'on le laissa
devenir le premier mécanicien du monde.

Si Vaucanson n'eût perdu patience à attendre
sa mère dans une pièce où une horloge battait les

secondes ; s'il eût suivi, comme tout le monde, la carrière que le hasard des circonstances sociales et ses parens lui auraient faite, il eût été sans doute un tout aussi pauvre sujet que beaucoup d'autres.

L'exemple de Vaucanson est éclatant, parce que Vaucanson est célèbre ; mais la vie commune en fournit chaque jour d'analogues ; *ab uno disce omnes.* — Nous tirons de là ce principe, que pour éveiller les vocations, il faut mettre l'enfant en présence de leur objet, Vaucanson face à face avec son horloge.

Fourier se plaît à citer un exemple fort remarquable aussi d'*éclosion de vocation.* Tous les journaux de la capitale l'ont cité il y a quelques années, bien entendu sans en tirer aucune conséquence. Voici le fait en deux mots. — Un pauvre garçon charretier de 19 ans, qui gagnait 20 sous par jour à conduire sa charrette, est appelé à l'usine de MM. Manby et Wilson, à Charenton, pour transporter des scories. La vue de ces beaux ateliers l'émeut et le passionne. Il demande à être attaché à l'usine ; et, à quelques mois de là, le voilà tellement habile, qu'il remplace un excellent fondeur payé 20 francs par jour. Cet homme valait à peine 20 sous à la tête de sa charrette ;

par suite du développement de sa vocation , il
arrive à valoir 20 francs.

Ainsi , à n'envisager même que le côté de
l'intérêt, on le voit, il est de la plus haute importance pour l'Association phalanstérienne de
développer les vocations, c'est-à-dire la valeur
productive de tous ses enfans. La Phalange fera
donc, ne fût-ce que par esprit de spéculation ,
toutes les dispositions favorables à l'*éclosion des
vocations*. Ce ne sera plus par l'effet d'un hasard
que Vaucanson et le charretier seront mis en
face, l'un à dix ou douze ans, l'autre à dix-neuf,
des circonstances industrielles capables d'éveiller
leurs facultés particulières. Dès le bas âge, les
enfans de la Phalange sont promenés au milieu
des travaux, des ateliers de toute nature ; ils sont
placés journellement face à face, et plutôt mille
fois qu'une, avec les choses homologues à leurs
prédispositions naturelles ; et, loin d'étouffer les
vocations dans leur germe, toutes les circonstances variées de l'activité ambiante, les sollici-
tent continuellement, les excitent et les appellent
sans cesse.

Le FURETAGE conduit les enfans vers les différens objets de l'activité générale, dans les jardins,
dans les ateliers, vers les Groupes de leurs com-

pagnons plus âgés, qui déjà sont ardens à leurs petits travaux. Le *Fracas industriel* les égaie et les passionne ; l'aspect des petits outils adroitement maniés par leurs camarades, tout fiers de leur jeune habileté, les stimule et les charme ; l'entrain joyeux et bruyant de ces ateliers enfantins les transporte. Les voilà tout en œuvre pour faire ce qu'ils voient faire aux autres, tout désireux d'être admis dans ces Groupes où l'on a le PRIVILÉGE de tenir ces petits sarcloirs, ces légers marteaux de bois, d'atteler et conduire ces petits chariots, de manier ces mille jolis instrumens, de cultiver ces fleurettes, de jouir enfin de l'attirail progressif de l'*industrie miniature,* si charmant aux yeux de l'enfance ! Les jardins, les volières, les basses-cours, les petites étables, les cuisines, les ateliers sans nombre et les Groupes joyeux les appellent à l'envi. Mais pour être admis dans les rangs, il faut prouver son savoir-faire, il faut se mettre en état d'être agréé par les Groupes et les Chœurs où l'on ambitionne d'entrer, et qui, jaloux de leur réputation corporative, ne reçoivent que des sujets capables de la soutenir. On sait que les enfants sont bons juges et juges rigoureux des degrés de mérite de chacun d'entre eux, en toute branche à laquelle ils s'adonnent : aussi verriez-vous les jeunes candidats ardens à solliciter et à suivre les conseils et

les leçons bienveillantes des bons Patriarches de
la Phalange, en proportion même du besoin qu'ils
ont de ces leçons et de ces conseils, pour devenir
aptes à subir honorablement les examens nécessaires à l'admission dans les Groupes et les
Chœurs dont ils brûlent de se voir membres !

Tout le secret de l'éducation consiste à SOLLI-
CITER LEURS VOCATIONS, et à éveiller en eux de VIVES
AMBITIONS ASCENDANTES. Pour atteindre ce résultat, il faut disposer les choses du milieu ambiant,
de manière à donner aux cinq ressorts que nous
avons décrits plus haut, toute l'énergie dont ils
sont susceptibles. Au lieu d'étouffer l'amour du
furetage, il faut donc l'employer en mettant à la
disposition des enfans tous les joujoux et petits
instrumens qui se rapportent à leurs forces, en
les encourageant à s'en servir. Loin de les gronder
pour leur manie d'*imitation,* il faut les environner
d'excitations industrielles, les placer au sein de
toutes les activités et de tous les exemples dont
l'imitation et la répétition peuvent profiter au développement de leur santé et de leurs facultés,
soit du corps, soit de l'intelligence. Il faut surtout
donner un grand relief, un relief sensible à leur
esprit et à leurs yeux, aux faits qui auront pour
objet de stimuler l'*entraînement progressif ascendant.* C'est pour cela que tout l'attirail des petits

instruments et ateliers de l'INDUSTRIE MINIATURE
est RÉGULIÈREMENT GRADUÉ et adapté aux
forces et aptitudes correspondantes; que les priviléges de parade et maniement d'outils se succèdent hiérarchiquement de Chœurs inférieurs en
Chœurs supérieurs; que les grades et les Chœurs
se tranchent aux yeux par des décorations, des
costumes, des couleurs, des marques extérieures
de plus en plus brillantes; que les examens sont
de plus en plus forts et exigeants à mesure que
l'on monte sur l'échelle des âges et des industries;
c'est pour cela, en un mot, que la Phalange
organise pour l'enfance un régime complet de
SÉDUCTIONS PROGRESSIVES, *de* FASCINATIONS ASCEN
DANTES.

Terminons ce chapitre en empruntant au *Nouveau Monde* une liste *de Ressorts d'éclosion des
vocations :* chacun d'eux mériterait un paragraphe
particulier.

« L'enfant de 2 ans trouve aux petits ateliers d'une Phalange
quantité d'amorces que la Civilisation ne saurait lui offrir; elles
sont au nombre d'une vingtaine dont je vais donner un tableau.

1. Le charme de petits ateliers et de petits outils, en dimension
graduée pour les divers âges (1).

(1) « L'état sociétaire peut seul présenter à l'enfant, dans toutes
les branches d'industrie, un matériel échelonné qui fait le charme
du bas âge, comme sera une échelle de chariots, bêches et outils

2. Les gimblettes harmoniques ou application de tout l'attirail des gimblettes actuelles, chariots, poupées, etc., à des emplois d'apprentissage ou de coopération en industrie (1).

3. L'appât des ornemens gradués; un panache suffit déjà chez nous pour ensorceler un villageois, lui faire signer l'abandon de sa liberté; quel sera donc l'effet de cent parures honorifiques,

en sept grandeurs différentes, appliquées aux sept corporations de lutins, bambins, chérubins, séraphins, lycéens, gymnasiens et jouvenceaux. Les outils tranchans, haches, rabots, ne sont pas encore livrés aux lutins et bambins.

« C'est principalement par emploi de cette échelle qu'on tire parti de la *singerie* ou manie imitative qui domine chez les enfans; et, pour renforcer cet appât, on subdivise les diverses machines en sous-échelons. Tel outil à l'usage des lutins est encore de 3 dimensions adaptées aux 3 catégories de hauts lutins, mi-lutins et bas lutins; c'est à quoi devront veiller ceux qui feront les préparatifs de la Phalange d'essai.

« On emploie de même cette échelle dans les grades industriels qui sont de plusieurs degrés, aspirant, néophyte, bachelier, licencié, officiers divers. »   *N. M.*, p. 229.

(1) Exemple d'emploi des gimblettes industrielles :

« Nisus et Euryale touchent à l'âge de 3 ans et sont impatiens d'être admis parmi les bambins, qui ont de beaux costumes, beaux panaches, et une place à la parade sans y figurer activement. Pour être admis à cette tribu, il faut donner des preuves de dextérité en divers genres d'industrie, et ils y travaillent ardemment.

« Ces deux lutins sont encore trop petits pour s'entremettre au travail des jardins. Cependant un matin, le bonnin Hilarion les conduit au centre des jardins, au milieu d'une troupe nombreuse de bambins et chérubins, qui viennent de faire une cueillette de légumes. L'on en charge douze petits chars attelés chacun d'un chien. Dans cette troupe figurent deux amis de Nisus et Euryale, deux ex-lutins admis depuis peu aux bambins.

« Nisus et Euryale voudraient s'entremettre avec les bambins; on les dédaigne en leur disant qu'ils ne sauront rien faire, et pour

pour enrôler un enfant au plaisir et à des réunions amusantes avec ses pareils.

4. Les privilèges de parade et maniement d'outils; on sait combien ces amorces ont de pouvoir sur l'enfant.

5. La gaîté inséparable des réunions enfantines quand elles travaillent par plaisir ou attraction.

essai on donne à l'un d'eux un chien à atteler, à l'autre des petites raves à lier en botte; ils n'en peuvent pas venir à bout, et les bambins les congédient sans pitié, car les enfans sont très-sévères entre eux sur la perfection du travail. Leur manière est l'opposé de celle des pères, qui ne savent que flagorner l'enfant maladroit, sous prétexte qu'il est trop petit.

» Nisus et Euryale, congédiés, reviennent tout chagrins vers le bonnin Hilarion, qui leur promet que sous trois jours ils seront admis, s'ils veulent s'exercer à l'attelage. Ensuite on voit défiler ce beau convoi de petits chars élégans; les chérubins et bambins, après le travail achevé, ont pris leurs ceintures et panaches, ils partent avec tambours et fanfare, chantant l'hymne autour du drapeau.

» Nisus et Euryale, dédaignés par cette brillante compagnie, remontent en pleurant dans le cabriolet du bonnin; à peine sont-ils arrivés, qu'Hilarion les conduit au magasin des gimblettes harmoniques, leur présente un chien de bois, leur enseigne à l'atteler à un petit chariot, ensuite il leur apporte un panier de petites raves et oignons de carton, leur apprend à en former des paquets, et leur propose de prendre pareille leçon le lendemain; il les stimule à venger l'affront qu'ils ont reçu, et leur fait espérer d'être admis bientôt aux réunions des bambins.

» Ensuite les deux lutins sont conduits vers quelque autre compagnie et remis à un autre bonnin par Hilarion, qui a terminé avec eux sa faction de deux heures.

» Le lendemain ils seront empressés de revoir le bonnin Hilarion, répéter avec lui la leçon de la veille. Après trois jours de pareille étude, il les conduira au groupe de la cueillette des petits légumes, ils sauront s'y rendre utiles, et on les y admettra au rang de novices

6. L'enthousiasme pour la Phalange, où l'enfant jouira de tous les plaisirs dont son âge est susceptible.

7. Les compagnies de table, variées chaque jour selon les intrigues du moment, et servies de mets adaptés au goût des enfans qui ont leur cuisine spéciale.

8. L'influence de la gastronomie sériaire qui a la propriété de

postulans. Au retour, à 8 heures du matin, on leur fera l'insigne honneur de les inviter à déjeuner avec les bambins.

» C'est ainsi que la fréquentation d'une masse d'enfans aura entraîné au bien deux enfans plus petits, qui, en Civilisation, ne suivraient leurs aînés que pour faire le mal avec eux, briser, arracher, ravager.

» Remarquons ici l'emploi fructueux des gimblettes : on donne aujourd'hui à l'enfant un chariot, un tambour, qui seront mis en pièces le jour même, et qui dans tous les cas ne lui seront d'aucune utilité. La Phalange lui fournira toutes ces gimblettes en diverses grandeurs, mais toujours dans des circonstances où elles seront employées à l'instruction. S'il prend un tambour, ce sera pour se faire admettre parmi les bas tambours, enfans qui figurent déjà en chorégraphie : je prouverai de même que les gimblettes féminines, poupées et autres, seront utilisées chez les petites filles, comme le chariot et le tambour chez les petits garçons.

» Des critiques diront que le menu service des douze petits chars à légumes serait fait plus économiquement par un grand char. Je le sais, mais pour cette petite économie on perdrait l'avantage de familiariser de bonne heure l'enfant à la dextérité dans les travaux agricoles, chargement, attelage et conduite, puis l'avantage bien plus précieux de créer aux enfans des intrigues sur les cultures auxquelles ils auront coopéré par ces petits services, qui les passionneront peu à peu pour l'ensemble de l'agriculture. Ce serait une bien fausse économie que de négliger ainsi les semailles d'Attraction industrielle, et les moyens de faire éclore les vocations; épargne aussi désastreuse que la concurrence réductive du salaire, qui réduit les ouvriers en victimes de naumachie, s'entretuant *politiquement* pour se disputer le travail. »   *N. M.*, p. 226.

stimuler les cultures par la gourmandise, et lier tout le mécanisme industriel.

9. L'orgueil d'avoir fait quelque rien que l'enfant croit de
haute importance : on l'entretient dans cette illusion.

10. La manie imitative, qui, dominante chez les enfans, acquiert une activité décuple quand l'enfant est stimulé par les
prouesses de tribus enfantines plus âgées.

11. La pleine liberté d'option en sortes et en durée de travail.

12. L'indépendance absolue, ou dispense d'obéissance à tout
chef qui ne serait pas choisi passionnément.

13. L'exercice parcellaire, ou avantage de choisir, dans chaque
industrie, la parcelle sur laquelle on veut exercer.

14. Le charme des séances courtes, variées fréquemment,
bien intriguées et désirées par leur rareté. Elles sont rares, même
lorsqu'elles sont diurnales, car elles n'emploient à tour de rôle
que 1/3 ou 1/4 des sectaires.

15. L'intervention officieuse des patriarches, des bonnins,
des mentorins, tous chéris de la basse enfance qui ne reçoit d'enseignement qu'autant qu'elle en sollicite.

16. L'absence de flatterie paternelle, déjouée dans l'ordre sociétaire, où l'enfant est jugé et remontré par ses pairs.

17. L'harmonie matérielle, ou manœuvre unitaire inconnue
dans les ateliers civilisés, et pratiquée dans ceux d'Harmonie où
l'on opère avec l'ensemble des militaires et des chorégraphes,
méthode qui fait le charme des enfans.

18. L'influence de la distribution progressive, qui peut seule
exciter chez l'enfant le charme et la dextérité nécessaires en
études industrielles.

19. L'entraînement collectif ou charme de suivre les collègues
s'exaltant par les hymnes, parures, festins, etc.

20. Les esprits de corps très-puissans chez les enfans, et très-
nombreux en régime sociétaire.

21. Les émulations et rivalités entre Chœurs et Sous-Chœurs
contigus, entre groupes d'un même Chœur et d'une même série,
entre catégories d'un Groupe.

22. La prétention périodique à s'élever, soit aux Chœurs et aux tribus supérieures, soit aux catégories moyenne et haute de chaque tribu.

23. L'enthousiasme pour les prodiges opérés par les Chœurs supérieurs en degré, selon la loi de déférence pour l'ascendant.

24. Les intrigues vicinales ou luttes émulatives avec les enfans des phalanges voisines et rencontre avec leurs cohortes. Ce ressort manquera à la phalange d'essai.

» Je ne mentionne pas ici d'autres stimulans qui n'agissent guère avant l'âge de 4 ans, tels que : *la concurrence des sexes et instincts, l'appât du gain et des forts dividendes.* Ces deux ressorts n'ont point encore d'influence sur les lutins et peu sur les bambins; ce n'est que parmi les chérubins qu'ils commencent à se développer.

» La réunion de ces amorces opérera en moins d'un mois, au bout duquel on aura fait éclore chez l'enfant 3 ou 4 de ses vocations primordiales qui, avec le temps, en feront éclore d'autres ; celles où le travail est difficile ne pourront naître que vers l'âge de 30 à 32 mois. » (*N. M., p.* 215.)

Si nous avons bien établi que le vrai système d'éducation individuelle et sociale consiste à créer un milieu extérieur en parfaite harmonie avec les natures individuelles des êtres dont cette éducation doit opérer le plein développement, il est convenable d'envisager d'un peu plus près la composition de ce milieu. C'est ce que nous allons faire, en examinant le rôle de l'enfance, depuis l'époque de *l'éclosion des vocations,* dans cinq branches générales de Travail sériaire (1).

____

(1) Nous suivrons ici pas à pas le *Traité de l'Association dom. agr.* Voyez tom. II, pag. 190 et suiv.

CHAPITRE SEPTIÈME.

Education harmonique. — Troisièmes développemens.

ÉDUCATION ACTIVE. APPLICATION ; PLEINE ENTRÉE DE L'ENFANT DANS LA VIE SOCIALE-INDUSTRIELLE.

> L'enfant une fois initié à dix branches d'industrie, le sera bientôt à cent, et connaîtra à l'âge de 15 ans presque toutes les cultures, fabriques, sciences et arts dont s'occupent la Phalange et les Phalanges voisines.   Cu. Fourier.

> Fascheuse suffisance qu'une suffisance pure livresque!... Je voudrois que le Paluël ou Pompée, ces beaux danseurs de mon temps, apprinsent des caprioles à les voir seulement faire, sans nous bouger de nos places, comme ceux-cy veulent instruire nostre entendement, sans l'esbranler: ou qu'on nous apprint à manier un cheval ou une pique, ou un luth, ou la voix, sans nous y exercer.   Montaigne.

> Ce n'est pas assez de lui roidir l'âme, il luy faut aussi roidir les muscles : elle est trop pressée si elle n'est secondée ; et a trop à faire. de seule fournir à deux offices.   Montaigne.

I

TRAVAIL SÉRIAIRE DE RÈGNE ANIMAL, OU ÉDUCATION HARMONIQUE DES ANIMAUX.

Il sera démontré tout à l'heure que l'opéra, modèle de toutes les actions mesurées convergentes, Série type en unité matérielle, exerce la plus haute et la plus heureuse influence dans l'éducation harmonienne. Ce résultat, quelque bizarre que des Civilisés purs le puissent trouver à l'énoncé, doit être conçu par des lecteurs intelligens, initiés fort avant déjà dans les choses de l'Harmonie. Admettons-le provisoirement, afin de pouvoir lire un chapitre postérieur à celui où Fourier l'a démontré dans son *Traité*.

« Les travaux de règne animal confiés aux Séries d'enfans étant très-nombreux, je ne m'arrête pas à les décrire en détail ; il est clair que l'enfant de 6 ans s'occupera plutôt des pigeons et des volières que des chevaux et des bœufs. Bornons-nous à examiner quelqu'un des emplois où l'enfance harmonienne opérera des prodiges qu'on n'oserait pas même exiger des pères civilisés. Je choisis l'éducation mesurée des animaux.

» C'est un travail que l'Association fait gérer en grande partie par les enfans de 3 à 9 ans, qui, aujourd'hui, ne savent qu'effaroucher et vicier les animaux. Il règne dans cette branche d'industrie une telle impéritie, que la Civilisation ne sait pas même élever le chien, qui doit être le conducteur des quadrupèdes et volatiles. Comment saurait-elle faire leur éducation, quand elle a manqué celle de leur chef ?

» Une vérité bien inconnue jusqu'à présent, c'est que les animaux domestiques sont des êtres passibles d'Harmonie mesurée, et que leur éducation ne peut devenir profitable à l'homme qu'autant qu'ils seront élevés selon cette méthode. C'est ici un problème d'enrichissement colossal ; il est bien digne de fixer l'attention d'un siècle qui, plus que jamais, juge tout au poids de l'or.

» Il s'agit de prouver que les animaux élevés en Harmonie mesurée, nous rendront le double de ce qu'ils nous rendent aujourd'hui, à égalité de nombre, et que cette éducation ne peut être faite que par des peuples élevés eux-mêmes à cette unité mesurée dont il faudra inoculer le goût aux animaux. Préalablement il faut former à ce talent l'homme qui doit les diriger. Or, ce n'est qu'à l'opéra qu'on peut former à la mesure ce peuple, ces enfans qui doivent en communiquer le goût aux quadrupèdes et volatiles.

» Toute Phalange où le peuple ne serait pas élevé à la justesse mesurée qu'on n'acquiert qu'à l'opéra, éprouverait, indépendamment des autres dommages, une perte d'environ moitié sur le bénéfice que doivent donner les animaux domestiques dans cet état sociétaire où leur nombre s'élevera souvent au décuple de ce qu'il est parmi nous.

» S'il fallait les conduire selon la méthode confuse des civilisés, on ne parviendrait jamais à les diriger ; ils se détruiraient eux-mêmes par le nombre ; et l'homme obligé d'y donner quatre fois plus de temps, de soins et de gardes que n'en exige l'ordre mesuré, se ruinerait par l'éducation même de ces nombreux serviteurs qui doivent être sa principale richesse.

» Je dis PRINCIPALE, et c'est une vérité bien reconnue de tous les agronomes, qui s'accordent à dire : « si le fermier n'avait que » ses cultures de grains, s'il ne faisait pas des *élèves* ou animaux » destinés à la vente, il n'aurait jamais de bénéfice, et pourrait » à peine payer le prix de sa ferme. Il ne se sauve que sur les » *élèves*, soit en quadrupèdes, soit en volatiles. Une entreprise » d'abeilles ou de vers à soie enrichira plus un métayer que tous » ses guérets vantés par les poëtes. »

» S'il est une erreur pardonnable, c'est d'avoir ignoré pendant 5000 ans que nos animaux domestiques sont faits pour l'harmonie mesurée, et ne peuvent prospérer sans son intervention. Quand on n'a pas su découvrir cette destination chez les hommes où l'on en voit tant d'indices, faut-il s'étonner qu'on ait commis pareille bévue à l'égard des bêtes, qui offrent bien peu d'indices d'aptitude à l'harmonie ; car on ne voit guère que le cheval qui soit susceptible d'accord mesuré : cet accord le charme dans la manœuvre en escadron ; le plus mauvais cheval devient un Bucéphale pour suivre la masse escadronnée ; il marchera jusqu'à la mort, et se crèvera plutôt que de quitter l'escadron. . . . . . .

. . . .

Quatre quadrupèdes seulement nous paraissent initiés à quelques facultés d'harmonie mesurée, le cheval, l'éléphant, le singe et le castor.

« D'autres, comme le bœuf et le zèbre, en sont très-susceptibles, mais dans un état de choses impraticables parmi nous, et qui n'auront lieu qu'en régime sociétaire. Le chien, notre premier serviteur, est très-apte à diverses manœuvres harmoniques dont nous n'avons jamais eu l'idée. Nous savons l'élever à des tours de force, des danses de tréteaux, etc.; nous ne savons lui enseigner aucun procédé d'harmonie profitable à l'industrie. Si le cheval est fait pour l'harmonie des alignemens et des évolutions, le chien est destiné à d'autres, dont la principale est celle des gammes de direction, que l'ordre civilisé ne peut pas mettre en usage, parce qu'il n'a ni grands troupeaux, ni moyens de les élever.

» En Association, le troupeau le plus subalterne, comme celui des oies, forme des masses immenses qu'on ne parviendrait pas à diriger, si l'on procédait selon la méthode confuse des Civilisés, et surtout à la manière barbare des Français, qui ne savent diriger les bêtes qu'en les déchirant à coups de fouet, et disant : *pourquoi sont-ils chevaux, pourquoi sont-ils moutons ?*

» Tout animal domestique, en Harmonie, est élevé musicalement comme les bœufs du Poitou, qui marchent ou s'arrêtent selon le chant du conducteur. Mais ceci est excès, abus de l'influence musicale; on ne doit pas l'employer à fatiguer les hommes ; il suffira d'en user pour indiquer à l'animal ce qu'on exige de lui, selon la coutume des bergers, qui appellent au son du cornet.

» Dans ce genre de service, les chiens peuvent intervenir très-utilement. Ceux de l'Harmonie sont dressés à conduire des masses de bétail, ralliées sur un son de clochette ou grelot. Les animaux sont habitués, dès l'enfance, à suivre tel grelot dont le

son leur est connu par le signal des repas. Certaines espèces,
bœuf, mouton, cheval, portent dès l'enfance et à l'époque de
leur éducation, la sonnette ou le grelot qu'ils devront suivre
toute leur vie, et qui suffira seul à les distribuer en pelotons et
colonnes.

» Par exemple : pour classer et faire cheminer en bon ordre
un troupeau de 24,000 moutons, trois ou quatre bergers à cheval
sont rangés aux extrémités et au centre, avec quelques chiens
de police et huit chiens de gamme, qui, au signal donné, agitent
alternativement leurs colliers de sonnettes, et rallient autour
d'eux les moutons élevés sur leur note. On range les sonnettes
par tierce, afin que chacune s'accorde avec la suivante et la
précédente.

» Ainsi le chien à collier de grelots UT passe le premier avec
sa troupe de moutons, dont quelques-uns portent comme lui une
sonnette en UT. Viennent ensuite la bande MI, la bande SOL et
autres, dans l'ordre UT, MI, SOL, SI, RE, FA, LA, UT ; chaque
peloton comprenant environ 5000 moutons.

» Le diapason d'orchestre étant le même par tout le globe, un
chien élevé dans un canton quelconque, peut servir pour tous les
troupeaux du globe, et un animal connaît partout le grelot qu'il
doit suivre. Cette méthode épargne une peine infinie dans la
conduite des grands troupeaux, qu'on ne peut aujourd'hui mouvoir qu'en masses confuses, avec des fatigues énormes, à force
de coups, de morsures et de brutalités, bien dignes de la Civilisation perfectibilisée.

» En Harmonie, on conduit plus aisément 50,000 moutons
qu'aujourd'hui 500. Occupent-ils la route, des chiens sans collier courent sur les bords et empêchent qu'aucun ne s'écarte : ils
sont d'ailleurs retenus par le son des grelots. Faut-il entrer dans
un champ ou un pré, pour faire place à une caravane? on peut
y faire entrer en deux minutes les 50,000 moutons. A cet effet,
les bergers placés en tête, queue et centre, font signe aux chiens
à collier de sortir des rangs : ils vont se ranger en ligne dans le
pré, à cinquante pas de la route, et agitent successivement leurs

grelots. Les moutons en huit pelotons (1) vont se grouper autour des chiens, et la route est évacuée en un instant. Les Civilisés pour cette opération emploieraient une demi-heure, mille coups de fouet et dix mille morsures de chien.

» Je me borne à cette particularité, entre mille autres à citer sur l'éducation des troupeaux d'Harmonie. Les chevaux seront exercés au point de marcher sur quatre de front, sans autres guides qu'un petit nombre de cavaliers sonnant un appel différent pour chaque peloton.

» Moyennant cette méthode musicale, combinée avec l'amorce des repas, les convenances de terrain et la douceur générale des maîtres, on verra les zèbres et même les castors aussi privés que les chevaux, sauf la différence de traitement.

» Hors de l'état sociétaire et des Séries pass., il n'est pas même possible de tenter ces prodiges de régie animale ; on s'engagerait dans une dépense quadruple du bénéfice, en essayant la méthode harmonienne ; on trouverait partout des Civilisés grossiers et

---

(1) Un troupeau, ne fût-il que d'oies, marche dans cet ordre, par colonnes UT, MI, SOL, SI, que guident les chiens à sonnettes. Si les oies et autres animaux en prennent l'habitude, c'est que dès l'enfance on les y façonne. Plusieurs variétés d'oies, objets de rivalité entre plusieurs groupes, sont élevées selon diverses méthodes et dans des chambrées distinctes. Ces oiseaux contractent facilement l'habitude de ne pas se mélanger, et suivre la sonnette de leur chambrée. Pour les exercer à la bien connaître, on a soin de leur tendre des pièges sur de fausses notes ; et c'est un travail qui fait partie de l'éducation des enfans.

Par exemple, trois groupes vont, à la même heure, porter à manger à trois chambrées d'oies. Le groupe des oies UT ira faire une feinte aux oies des chambrées MI, SOL ; il agitera la sonnette du diné en UT, et ne leur donnera rien. Après quelques instans d'impatience, elles entendront l'appel en MI ou en SOL, qui leur apportera réellement le repas. Dès qu'elles y auront été trompées une dizaine de fois, elles sauront fort bien distinguer leur note : les animaux ont un discernement exquis pour tout ce qui tient à

malfaisans, qui la contrarieraient; puis des animaux voisins, qui, n'étant pas formés à cette méthode, gâteraient par leur fréquentation ceux harmoniquement éduqués. De là vient que les agronomes civilisés n'ont pas même pu imaginer cette éducation naturelle attrayante, et se sont bornés généralement à la méthode violentée, infiniment plus longue et plus dispendieuse. Aussi l'Harmonie emploiera-t-elle à éduquer, régir et perfectionner ses immenses troupeaux, à peine le quart des individus qu'emploierait proportionnément la Civilisation, pour les hébêter, les abrutir et abâtardir les races.

» Les chefs de la Série d'éducation des chiens et des troupeaux auront le rang de *Sibyls* et *Sibylles* (titre des directeurs de l'institution). Un instituteur de chiens ou d'oies est en Harmonie un personnage de haute importance, car il doit former à ce talent des groupes de séraphins et séraphines opérant sous sa direction.

» L'on ne pourra discipliner ces immenses troupeaux, qu'autant que chacun connaîtra leur langage de convention, qui une

la gueule; on ne les voit jamais se tromper sur l'heure des repas; on croirait qu'ils connaissent l'horloge. Un cheval a-t-il stationné une seule fois dans une écurie de telle route, s'il repasse deux ou trois ans après, il reconnaît l'écurie et s'arrête à la porte.

Les Harmoniens mettront à profit cet instinct des animaux, toujours intelligens quand leur appétit s'y trouve intéressé. On est fort habile en Civilisation à leur donner une éducation *improductive*; on enseigne à des *chiens savans* mille grimaces et gambades, qui ne sont d'aucune utilité et qui consument en vain le temps de l'instituteur. On enseigne à des puces à traîner un petit chariot. On voit jusqu'à des ânes savans et des cochons savans. J'ai vu même un phoque obéissant, et bien stylé à faire des singeries. Ces tours de force inutiles dénotent quel parti l'homme pourra tirer des animaux, quand il saura faire de leur éducation un système unitaire et productif; travail auquel seront principalement employés les enfans, qui ont beaucoup de penchant à ce genre de fonction, et qui aujourd'hui ne savent qu'hébêter et maltraiter les animaux.

fois arrêté en congrès d'unité sphérique, sera le même par toute la terre. Si chacun étourdissait comme aujourd'hui les animaux, de cris divers et arbitrairement choisis, leur faible intelligence n'arriverait jamais à une discipline collective et unitaire.

» On exigera d'un enfant d'Harmonie, qu'il sache avant tout, vivre unitairement avec les animaux; qu'il connaisse leur vocabulaire d'appels et de commandemens principaux, afin de ne pas contrarier le système adopté pour les régir. L'enfant qui à 4 ans 1/2 manquerait de ces notions pratiques, serait refusé au chœur des chérubins : le jury chérubique lui répondrait, qu'on ne peut admettre au rang des Harmoniens un être qui n'est pas encore l'égal des animaux, puisqu'il ne sait ni leur langage, ni leurs convenances.

» N'est-ce pas être au-dessous des animaux que de méconnaître la déférence qu'on doit à leurs instincts? ils ne sont profitables pour nous qu'autant que nous assurons leur bien-être. De là vient qu'en France, où chacun se hâte de crever les chevaux à force de coups, de fatigues et de voleries sur la nourriture, on ne peut pas remonter localement la cavalerie, et on tire de ce quadrupède beaucoup moins de service qu'en Allemagne où il est ménagé. Le cheval de bataille du grand Frédéric était encore vivant à l'âge de 36 ans; ce même animal, entre les mains des Français, n'aurait pas passé 15 ans; les palefreniers lui auraient volé moitié de son avoine, et les maîtres l'auraient tué de coups, en disant, *pourquoi est-il cheval?*

» Les animaux sont heureux dans l'Harmonie, par la douceur et l'unité des méthodes employées à les diriger, par le choix et la variété des subsistances, par les soins de sectaires passionnés, observant toutes les précautions propres à embellir l'espèce : aucun de ces soins ne peut avoir lieu dans la brutale Civilisation, qui ne sait pas même disposer commodément les étables. On peut assurer sans exagération, que les ânes, dans l'Harmonie, seront bien mieux logés et mieux tenus que les paysans de la belle France.

» Le fruit de leur discipline et de leur bien-être équivaudra à la différence d'une troupe réglée à une masse de barbares sans tactique. Vingt mille Européens battent aisément cent mille barbares et même plus, car les Russes n'étaient que sept mille contre la grande armée chinoise de plus de 100,000 hommes.

» C'est donc bénéfice du sextuple sur la discipline : il sera de même sans bornes sur la gestion des animaux d'Harmonie, améliorés par le mode composé, qui exige :

Discipline mesurée attrayante ;
Procédé sériaire en perfectionnement ;
Soins passionnés en amélioration de race ;
⋈ *Régime unitaire.*

» Mais quel sera le nouvel Orphée qui rendra les enfans et les animaux si dociles à toutes les impulsions de discipline unitaire ? quel talisman mettre en jeu ? Pas d'autre que cet Opéra, traité de frivolité par nos moralistes et agronomes, tous d'accord à dire, « *qui bien chante et bien danse, peu avance.* »

L'adage peut être vrai en Civilisation ; mais il sera des plus faux en Harmonie, où cette discipline passionnée des enfans et des animaux, cette source d'énorme richesse, découlera principalement des habitudes contractées dès le bas âge à l'Opéra, école de toutes les unités matérielles mesurées. Nos prétendus sages, en méprisant l'école des harmonies mesurées, ne sont-ils pas le pendant de ces botanistes arabes qui, pendant 3,000 ans, dédaignèrent le café ; ou de ces enfans qui, ne jugeant que les apparences, préfèrent une lourde pièce de cuivre au louis d'or dont ils ignorent la valeur.

» Tel est le vice où tombent nos moralistes, en dédaignant le spectacle, qui doit former l'enfance à la pratique des unités matérielles, et par suite aux unités sociales.

» Remarquons, au sujet de l'Opéra, comme des autres divertissemens, que dans l'état sociétaire ils sont en liaison intime avec le travail productif et coopèrent à ses progrès ; effet qui n'a point lieu en Civilisation, où l'industrie ne tire aucun secours, ni des jeux de cartes du citadin, ni des jeux de quilles du paysan.

Loin de là, les jeux et divertissemens civilisés provoquent en tout sens l'oisiveté, l'abandon du travail, et même le crime, le vol, le suicide, fruits ordinaires des jeux de hasard, surtout de la loterie. Il sera curieux de voir comment les divertissemens, entre autres les amours, qui aujourd'hui n'ont aucun rapport avec l'industrie productive, en deviennent les appuis dans l'état sociétaire.

» Une remarque plus importante encore, et qui naît de ce chapitre, c'est que l'animal qui donne double bénéfice par le perfectionnement attaché à l'éducation harmonique, donne un bénéfice décuple et douzuple par la faculté de quintupler et sextupler la masse qu'en éleveraient, sur pareil terrain, les Civilisés, qui ne connaissent ni l'art de discipliner au dehors des masses d'animaux, ni l'art de les harmoniser et distribuer dans d'immenses étables, comme celles de 10,000 poules pondantes par Phalange.

» Ce travail sera en grande partie confié aux soins des enfans, aidés de quelques Vénérables. Quelle mine de bénéfices, quelle source de réflexions pour un siècle qui ne rêve qu'aux moyens de GAGNER DE L'ARGENT, et qui va trouver une mine d'or dans chaque branche de travail, pourvu qu'elle soit exercée et distribuée par Séries passionnelles ! »

Après cet admirable chapitre, le lecteur me permettra-t-il une parole? me permettra-t-il de le prier de réfléchir sur tout ce qu'il y a de puissant, de sublime dans ce don magnifique du bonheur et de l'harmonie, octroyé par l'Homme au monde inférieur, aux vies subordonnées à la sienne dans l'ordre de la création ! Adam, l'Homme réhabilité, recompose les premières harmonies génésiaques ! l'harmonie humaine gouverne les harmonies inférieures ! la nature est sous la main de l'Homme ! l'Homme est plus que le Roi de sa création, j'ai presque dit qu'il en est le Dieu....

Ne disons pas ici ce que l'Homme PEUT sur les choses et sur les vies. Cette question n'est pas mûre ici. Elle viendra en son lieu. — Et nous vivons dans un siècle dont l'esprit est tel, que Fourier s'adressant à cet esprit, a dû terminer son chapitre par une considération de lucre !

II

TRAVAIL SÉRIAIRE DE RÈGNE VÉGÉTAL, OU CULTURES ENFANTINES DE L'HARMONIE.

« En opposant aux désordres civilisés la perspective du bonheur sociétaire, n'omettons jamais de donner des démonstrations en mode composé, ou positif et négatif, par preuve et contre-preuve. Ainsi, au tableau des prodiges industriels qu'opéreront les enfans harmoniens, il faut opposer celui du vandalisme et de l'oisiveté des enfans civilisés.

» J'ai dépeint les enfans comme vandales positifs, destructeurs par instinct et par esprit de corps. Envisageons-les maintenant comme vandales négatifs, refusant tous les travaux que la nature leur assigne dans le règne végétal.

» Il faut qu'en cette branche d'industrie, la nature ait compté beaucoup sur le service des enfans, car elle a créé en grande affluence les petits végétaux et arbustes qui doivent occuper le bras de l'enfant et non celui du père. Les deux tiers du parterre, du potager et du bosquet, se composent de ces menues plantes adaptées à l'enfance.

» Les fleurs, à part un très-petit nombre, sont presque toutes le lot du travail enfantin et féminin ; aussi la nature donne-t-elle aux femmes et aux enfans beaucoup de penchant pour les arbustes et fleurs, dont pourtant ces deux sexes n'exercent point la culture dans l'état actuel.

» Un bambin qui veut grader et monter aux chérubins, doit, dans ses trois épreuves, choisir au moins un végétal, comme pensée ou cerfeuil, et justifier qu'il a été admis au groupe qui cultive cette plante ; admission qu'il ne peut obtenir que par un service utile et une dextérité éprouvée. Un chérubin postulant pour l'entrée aux séraphins, doit justifier, sur trois végétaux au moins, d'un service distingué et constaté par le suffrage des groupes compétens. Ces cultures lui donnent peu à peu des notions sur les diverses branches des sciences, car l'agriculture se lie à toutes.

» L'enfant harmonien prend parti très-activement dans les rivalités de canton à canton. Un groupe d'enfans cultivant les oreilles d'ours à la Phalange de Meudon, est piqué de voir que celles de la Phalange de Marly ont eu la palme pour le velouté ou autre qualité. Les vaincus veulent connaître la cause de cet insuccès qui tient peut-être aux différences de terres. Là-dessus, le Vénérable qui dirige ce groupe, leur fait une leçon sur les variétés de terres ; et cette étude, répétée dans d'autres groupes, leur donne peu à peu des notions élémentaires sur le règne minéral. C'est déjà pour eux un appât à s'introduire dans les écoles, y demander quelque livre élémentaire sur telle branche de la minéralogie, comme le classement des terres.

» Ainsi l'Harmonie ne donne jamais à l'enfant aucun ENSEIGNEMENT SIMPLE. Elle ne l'initie à une science que par combinaison avec des notions pratiques déjà acquises sur telle autre science, et notamment sur l'agriculture, la maçonnerie, la charpente, la cuisine.

» Les intrigues de rivalités agricoles habituent de bonne heure les enfans à l'esprit spéculatif. Il est très-nécessaire dans la culture des fleurs : quoi de plus difficile à élever à la perfection que la jonquille, le narcisse, la renoncule, la tulipe, les variétés de roses et d'œillets ? Si la nature exige tant de connaissances dans le soin de ces fleurs, c'est qu'elle veut former de bonne heure à l'esprit de calcul les enfans qui se passionneront pour les cultiver.

» Elle leur a ménagé aussi quelques lots dans la grande culture ; le blé noir, la vesce, la lentille, etc. : une troupe d'enfans qui s'adonnent passionnément au soin de ces végétaux, est obligée d'étudier les qualités de terre et d'engrais, raisonner sur l'influence des températures pour connaître les causes qui ont valu du succès à tel ou tel canton. L'enfant adonné *par rivalité passionnée* à ces occupations, deviendra insensiblement chimiste et physicien, tout en croyant ne s'occuper que des luttes émulatives de ses groupes, de son canton.

» D'où vient que l'éducation actuelle n'a sur l'enfant aucune de ces sortes d'influence, et qu'en aucun sens elle ne l'entraîne aux études ? C'est que les travaux auxquels on astreint l'enfant, manquent des trois ressorts qui le conduiraient à l'étude, ce sont :

» 1°. *La passion.* L'on ne sait pas le stimuler par des rivalités de canton à canton et de groupe à groupe, telles qu'elles existent dans une Série passionnelle.

» 2°. *L'emploi mixte.* Cet enfant ne travaille pas aux cuisines où il jugerait pratiquement des perfections ou défauts de l'objet qu'il a cultivé.

» 3°. *Le raffinement gastronomique.* Il serait dangereux aujourd'hui d'y habituer l'enfant, et cela devient indispensable dans l'Harmonie, où il doit savoir distinguer vingt nuances de saveur sur le moindre végétal, cerfeuil ou persil, qu'il aura cultivé ; sans ce raffinement, il ne saurait pas juger pourquoi son groupe a échoué ou triomphé dans ladite culture ; pourquoi tel canton a le 1er. rang, tel autre le 2e., 3e. dans l'opinion, relativement à ce végétal.

» Cette combinaison de leviers n'existant pas dans l'état civilisé, faut-il s'étonner que l'enfant ne veuille s'adonner ni à la culture, ni aux sciences exactes, dont les rivalités de Série lui feraient de bonne heure sentir le besoin et demander l'enseignement, sans qu'on lui en suggérât l'idée !

» Résumons sur cet aperçu : d'une part, vandalisme et oisiveté ; d'autre part, occupation productive et études passionnées ; voilà le parallèle des deux éducations harmonienne et civilisée : celle-ci, je l'ai déjà dit, ne produit que de petits vandales qui bientôt deviendront de grands vandales.

» Tout est faussé dans le système agricole, par cette défection des enfans et des femmes, à qui la nature assigne tant de végétaux à soigner. Tous les arbustes en fleurs ou en fruits, et presque tout le potager et le parterre, doivent être envahis par les femmes et les enfans. Loin de là, un enfant civilisé n'entre au jardin que pour y manger les fraises et groseilles qu'il n'a point cultivées, y friper les fleurs et légumes : aussi, ce qu'il y a de plus à désirer dans un jardin, c'est que les enfans n'y mettent pas les pieds.

» Les botanistes nous peignent leur science comme la plus intéressante, la plus rapprochée de la nature : d'où vient donc qu'elle ne peut passionner l'enfant qui est l'être le plus voisin de la nature, et que loin de se prendre de belle passion pour la botanique, il ne fait que ravager les jardins et vergers, refuser tout travail agricole ?

» On nous dit que les paysans tirent parti de leurs enfans dès l'âge de 7 ans : sans doute, à force de coups de bâton ; mais quel service en obtiennent-ils ? Ils emploieront trente enfans à transporter en fardeau ce que conduiraient trois enfans harmoniens sur trois chars attelés de trois ânons.

» Une preuve incontestable que les Civilisés ne savent tirer en agriculture aucun parti ni des femmes, ni des enfans, c'est que l'homme est obligé d'abandonner les travaux qui lui sont spécialement attribués par la nature, et qui sont principalement les forêts et l'irrigation ; deux choses dont le cultivateur civilisé ne peut pas s'occuper, parce qu'il est absorbé par les travaux FÉMININS et ENFANTINS, tels que les petites étables et volailleries , le potager et autres fonctions, dont les femmes et enfans devraient le dégager.

» Singulier résultat de la tyrannie masculine ! L'homme croit avoir asservi les femmes ; qu'en résulte-t-il ? que c'est lui-même qui est esclave ; qu'au lieu d'avoir subordonné les femmes, il a dégoûté de l'industrie femmes et enfans. Il se trouve réduit à exercer les travaux dont ces deux sexes devraient se charger ; il est, de plus, obligé de prélever sur le produit de son travail, les frais d'entretien et dotation des femmes et enfans : c'est l'effet de toute tyrannie ; elle se prend dans ses propres filets.

» Analysons mieux le trébuchet où est tombé le sexe masculin : sa véritable destination est de vaquer aux grands travaux qui exigent la force des bras : tels sont les trois emplois de

> *Culture des forêts ;*
> *Ouvrages d'irrigation ;*
> *Soin des graminées.*

La troisième fonction absorbe tout ; l'agriculteur ne peut vaquer, ni à la culture des forêts, ni à l'irrigation et aux ouvrages qu'elle exige : au contraire, le cultivateur ne s'attache qu'à détruire les forêts ; il détruit par contre-coup les sources et moyens d'irrigation.

» Voilà donc deux des trois branches de grande culture gérées à contre-sens de la raison. Quant à la troisième, celle des graminées, comment est-elle traitée ? j'y distingue trois vices des plus choquans.

» 1°. *Le défaut d'engrais et de qualité.* On en a si peu, qu'il faut ensemencer des champs en quantité énorme, et à peu près double de ce qu'emploiera l'Harmonie pour obtenir égale quantité de grain. Quant aux qualités d'engrais, c'est une distinction que ne fait ni ne peut faire le paysan civilisé.

» 2°. *Les jachères.* Des terres qui se reposent une année ! le soleil se repose-t-il ? manque-t-il à venir tous les ans mûrir les moissons ? aurait-on besoin de jachères si on n'employait aux céréales que les terres convenables et soutenues des masses et qualités d'engrais nécessaires ?

» 3°. *Les vices de détail.* On voit dans divers champs autant de pavots que d'épis. On y voit cent autres négligences qui ne seraient pas même connues dans l'état sociétaire, où des groupes d'enfans parcourent les champs pour les émonder.

» D'où viennent tous ces désordres? De ce que le sexe masculin est surchargé de la tâche des deux autres, qui ne font qu'un simulacre de travail.

» Mais quelle carrière va s'ouvrir pour l'industrie masculine, du moment où les deux autres sexes rentreront en disponibilité par le régime sociétaire! on verra tout à coup les 5/6es. des femmes en vacance industrielle, par la suppression des travaux compliqués et parasites qui naissent du morcellement des ménages, du soin pénible des enfans, de la mauvaise qualité des étoffes et des confections; enfin, des sots caprices de la mode, qui absorbent tant de femmes en ouvrage de couture interminables et en minuties superflues.

» Après la cessation de ces désordres, on s'apercevra que les 5/6es. des femmes sont disponibles : à quoi les occuper? A l'agriculture ; elles envahiront donc majeure partie des menus travaux qui occupent aujourd'hui les hommes.

» D'autres seront envahis par les enfans, qui seront amorcés à la culture par le régime des Séries *contrastées, rivalisées, engrenées.*

» Dès-lors il ne restera aux hommes dans la force de l'âge, que les fonctions de vigueur, comme les trois citées plus haut; puis celles de manufacture pénible, charpente, maçonnerie, forge, etc. Ils interviendront accessoirement dans toutes les menues cultures, parterre et potager, mais sans en supporter le soin permanent : ce sera le lot des femmes et enfans.

» Cette répartition naturelle est anéantie par la défection des enfans et la complication qui absorbe les femmes. Toute la masse du travail retombe sur l'homme seul, qui, surchargé de la sorte, doit négliger les branches les plus importantes, comme le soin des forêts et l'irrigation. Il effleure la tâche de son sexe, pour vaquer à celle de tous trois.

» Jugeons-en par un seul végétal, par les RAVES, sentier des vertus républicaines. Si la république ne doit vivre que de raves, au moins faut-il, pour le bon ordre, qu'on répartisse aux trois sexes le travail de culture ; savoir :

> Aux enfans les petites raves ;
> Aux femmes les raves moyennes ou navets ;
> Aux pères les gros ravognons.

» Telle serait la série naturelle de distribution ; elle est impraticable dans l'ordre civilisé : vous y verrez le fier républicain obligé de cultiver lui-même les raves de toutes les dimensions, et de faire en plein l'ouvrage des deux autres sexes. Désordre inévitable hors des Séries, qui appliqueraient chaque sexe aux fonctions que la nature lui destine. C'est une des conditions nécessaires à faire naître l'Attraction industrielle, qui, même en Séries, ne pourrait pas se développer si on maintenait dans les travaux la confusion d'emplois qui y règne aujourd'hui ; si on voulait, comme dans la Civilisation perfectibilisée, atteler une femme et un âne à la même charrue (coutume des provinces - nord de l'Espagne.) Les femmes ne sont guère moins maltraitées dans la belle France.

» On a vu par ce qui précède, combien les enfans sont éloignés de leur destination en travaux de règne animal et végétal, et combien il est évident que le régime civilisé ne les pousse qu'à l'oisiveté et à tous les vices anti-industriels. Les moralistes ont bonne grâce, après cela, de nous vanter les tendres enfans, si dignes de leurs vertueux pères, *petits vandales, bien dignes de grands vandales !* Voilà la vraie devise des enfans et des pères civilisés. »

III

LE lecteur ne doit pas oublier, en commençant ce chapitre, la remarque que nous avons déjà faite ; à savoir : — que la Cuisine est la plus considérable et la plus importante de toutes les manufactures. Elle absorbe aujourd'hui presque tout le travail féminin, et l'homme même l'a déjà envahie dans les grands hôtels, les hôtelleries et les restaurans. Réduite aux mesquines proportions du ménage actuel, il n'est pas étonnant que cette industrie soit déconsidérée comme fonction ; mais dans la Phalange, les choses changent bien d'aspect. A la vue des immenses ateliers de la fabrication culinaire (1), on comprendra de suite la haute importance de cette branche, qui se rallie à toutes les sciences naturelles. La Cuisine, je l'ai déjà dit, est la plus belle, la plus utile et la plus importante branche de la chimie ; et comme la plupart des produits du règne animal et du règne végétal arrivent à cette industrie, c'est dans ses ateliers que les enfans prendront les

______

(1) Pour en juger par avance, il faut aller visiter les magnifiques ateliers de M. de Botherel, *rue de Navarin.*

premières connaissances des sciences naturelles, botanique, zoologie, anatomie, physique et chimie ; c'est là qu'ils recevront les premières leçons de ces sciences, répandues généralement dans toutes les séries et nécessaires aux séries *gastrosophiques*.

La nature a donné à l'enfant une violente Attraction pour les manipulations culinaires, parce que la Cuisine, organisée en mode vrai ou sociétaire, est ainsi l'atelier d'éclosion des instincts scientifiques; parce que encore elle se lie à l'ensemble du travail agricole, puisque c'est là que les produits agricoles sont employés et *jugés ;* et enfin parce qu'elle est *la grande école de la dextérité.* C'est dans ses ateliers que les enfans acquerront de bonne heure l'habileté pratique, l'adresse qui leur sera si nécessaire dans les laboratoires, dans les manufactures, et dans tous les actes de leur vie individuelle. J'ai vu un sujet fort distingué, sorti le premier de l'*Ecole polytechnique,* et qui, à l'*Ecole des mines,* où il y a de nombreuses manipulations chimiques à faire, a échoué faute de cette dextérité qu'il aurait si bien acquise, enfant, dans les Cuisines sociétaires. Aussi appréciait-il la haute importance des choses que l'on va lire, et que des personnes irréfléchies pourraient seules regarder comme futiles. Lisons donc avec intelligence, et rappelons-nous bien que la nature ne se trompe pas dans les impulsions collectives qu'elle distribue, soit aux enfans, soit aux hommes faits.

§. I.

Influence des Cuisines en Éducation.

« Etrange paradoxe ! Il s'agit de démontrer l'utilité de la gourmandise chez les enfans ; c'est peut-être le sujet le plus propre à confondre les antagonistes de l'Attraction, et mettre en évidence la sagesse du Créateur des passions.

» Si la nature est sage dans ses impulsions générales, elle doit être sage dans la plus puissante passion qu'elle ait donnée à l'enfant ; c'est la gourmandise.

» Pour constater la justesse distributive de Dieu dans cette impulsion dominante des enfans, il faut prouver que la gourmandise tendra, *dans l'état sociétaire,* à les conduire aux trois foyers d'Attraction : *à la richesse, aux groupes, aux Séries industrielles.* Il n'y a de juste et louable en mécanique sociale, que les ressorts qui nous dirigent à ces trois buts, et par suite à l'UNITÉ SOCIALE.

» Signalons ici l'erreur de mots, et par suite l'erreur de jugement ; vice condamné si souvent par nos sages, qui pourtant y tombent sans cesse.

« Les enfans, disent-ils, sont de petits gourmands ; il faut les » corriger, modérer leurs passions. » Rien n'est plus faux : les enfans ne sont point gourmands, mais seulement *gloutons, goinfres, goulus.* Le mot gourmand est à peu près synonyme de *gastronome;* il se prend en bonne part, puisqu'on dit un FIN GOURMAND ; on ne dira pas, *fin glouton, fin goinfre, fin goulu;* tous trois sont de genre trivial.

» Les Apicius sont gens de bonne compagnie, raisonnant sa-
vamment de leur art, dont ils sont trop préoccupés. Or, quel
rapport entre un Apicius et des enfans qui mangent avec avidité
des pommes vertes, des prunes à cochon! S'ils étaient gourmands, connaisseurs délicats, ils renverraient ces alimens aux
pourceaux. Ils sont donc goinfres, gloutons, goulus; et pour les
en corriger, il faut les ramener à la gourmandise ou gastronomie.
Analysons les effets industriels à obtenir de cette métamorphose.

» On observe partout que la classe la plus réservée à table,
est celle des cuisiniers; ils sont en général gastronomes, juges
sévères, dissertant bien sur les mets, sans en faire aucun excès.
Ils sont proportionnément la plus sobre des classes qui ont la
bonne chère à discrétion.

» Le meilleur préservatif de la gloutonnerie serait donc, pour
les enfans, un ordre de choses où ils deviendraient tous *cuisiniers* et *gourmands raffinés*, autrement dit *gastronomes*.

» La thèse étant des plus neuves, j'ai dû l'étayer de distinctions exactes sur le sens des mots, et sur les indices que fournit
l'état des choses en Civilisation.

» Sur ce, on va reproduire l'objection déjà faite, au sujet de
l'Opéra. « Vous voulez donc, dira-t-on, élever tous les enfans à
» l'état de cuisinier ! » Ce n'est pas moi qui veux; c'est l'Attraction qui en ordonne ainsi; et l'on va se convaincre qu'elle veut
passionner pour la CUISINE tous les enfans.

» TOUS, *en style de mouvement, signifie les* 7/8es, *puisqu'il est connu que l'exception de* 1/8e. *confirme la règle.*

» Or, quand les 7/8es. des enfans seront passionnés pour jouer
l'Opéra et faire la cuisine, en vaudront-ils moins pour cela?
c'est ce que nous allons examiner.

» Observons d'abord que c'est le but indirect de la morale
civilisée : elle exprime sans cesse et implicitement le vœu de voir
les enfans se faire cuisiniers, car elle veut qu'ils s'adonnent au
soin des animaux et des végétaux.

» Comment pourront-ils juger des méthodes préférables dans
le soin des animaux et végétaux, s'ils ne connaissent pas les rap-

ports de manutention agricole avec les ressources de manutention culinaire? l'agriculteur qui ignore cet art, travaille sans principes et sans but, quant aux emplois.

» Ainsi font nos villageois, qui élèvent un animal ou cultivent un légume pour tâcher de tromper celui qui l'achètera ; mais si, selon le vœu de la morale, on spécule sur un état d'unité et d'accord intentionnel ; si le cultivateur veut favoriser le consommateur, il doit connaître l'emploi mixte ou art de la cuisine, et se guider dans ses cultures selon les convenances de cet art.

» De là résulte déjà que la cuisine est portion intégrante des études agricoles, et que, pour faire de l'enfant un parfait agronome en gestion animale et végétale, il faut de très-bonne heure l'initier aux raffinemens de cette cuisine, de cette gastronomie proscrite par les farouches amis des raves et des droits de l'homme.

» . . . .

» Nos soi-disant gastronomes, tant écrivains que praticiens, ne sont point du tout à la hauteur du sujet ; ils le ravalent en le traitant sur le ton plaisant. Il est vrai qu'en Civilisation, la gastronomie ne peut jouer qu'un rôle très-subalterne, et plus voisin de la débauche que de la sagesse, mais en Harmonie elle sera révérée comme ressort principal d'équilibre des passions.

» Le sens du goût est un char à 4 roues qui sont :

1. La GASTRONOMIE,   3. La CONSERVE, (1)
2. La CUISINE,   4. La CULTURE.

» La combinaison de ces 4 fonctions exercées en Séries passionnées, engendre la GASTROSOPHIE ou sagesse hygiénique, hygiène graduée, appliquée aux échelles de tempéramens, qui ne sont pas connues de la médecine civilisée.

» Conformément à sa propriété de *monde à rebours,* la Ci-

----

(1) On entend par *conserve*, les précautions physiques et chimiques employées à garder et améliorer les produits alimentaires, fruits, légumes, viandes, etc.

vilisation marche à contre-sens dans cette carrière ; elle veut commencer par où il faudrait finir. Tout père approuverait fort que son fils et sa fille excellassent dans les 3e. et 4e. branches, *culture* et *conserve ;* on veut même que les jeunes filles s'exercent à la 2e. branche, qui est la *cuisine :* ainsi on admet les trois branches de science qui ne peuvent pas créer l'Attraction industrielle, et on proscrit la 1re. branche, la *gastronomie* d'où naîtrait la passion pour les 3 autres. Cette gaucherie est encore une des prouesses de la morale tendant à nous rendre ennemis de nos sens, et amis du commerce, qui ne travaillent qu'à provoquer les abus du plaisir sensuel.

» D'autre part, des écrivains scandaleux donnent des leçons de gourmandise à nos Lucullus, qui ont bien assez des lumières de leurs cuisiniers, sans que la poésie et la rhétorique viennent leur prêter appui. Cette prostitution littéraire compromet la gastronomie, comme les billevesées de la secte Owen compromettent l'Association.

» La gastronomie ne deviendra science honorable, que lorsqu'elle saura pourvoir aux besoins de tous ; or il est de fait que la multitude, loin de faire des progrès vers la bonne chère, est de plus en plus mal nourrie. Elle est privée même des comestibles salubres et nécessaires : on voit dans Paris 3 à 4,000 gastrolâtres se goberger au mieux, mais on voit à côté d'eux 3 à 400,000 plébéiens qui n'ont pas même de la soupe naturelle : on leur fait maintenant un simulacre de bouillon avec des ingrédiens qui sentent le lard rance, la chandelle et l'eau croupie. L'esprit de commerce va croissant et ses fourberies accablent de plus en plus les classes inférieures.

» La gastronomie ne sera louable qu'à deux conditions ; 1°. lorsqu'elle sera appliquée *directement* aux fonctions productives, *engrenée, mariée* avec le travail de culture et préparation, entraînant le gastronome à cultiver et cuisiner. 2.° Lorsqu'elle coopérera au bien-être de la multitude ouvrière, et qu'elle fera participer le peuple à ces raffinemens de bonne chère que la Civilisation réserve aux oisifs.

» Pour atteindre ce but, il faut engrener les fonctions du goût, les rallier toutes à la plus attrayante des quatre, qui est la gourmandise. On est assuré que celle-là ne sera pas abandonnée, qu'elle restera toujours attrayante ; il faut donc la choisir pour base de l'édifice, si l'on veut qu'il soit régulier et durable.

» Nos philosophes posent en principe que *tout est lié dans le système de la nature*, mais rien n'est lié passionnément dans notre système industriel : l'industrie doit former ses liens par les Séries gastronomiques ; elles conduisent par passion, des débats de la table aux fonctions de cuisine et de conserve, puis aux cultures, enfin à la formation des échelles de tempérament, et des préparations culinaires adaptées au régime sanitaire de chaque échelle. On s'efforcera donc en Harmonie d'enrôler de bonne heure chaque individu aux 4 fonctions précitées, afin qu'il ne se borne pas au rôle ignoble de *gastrolâtre*, déshonneur de nos Apicius, dont tout le savoir se réduit à jouer des mâchoires, sans aptitude à agir dans les 5 autres fonctions du goût.

§. II.

Amorces et Progrès de l'Enfant aux Cuisines sériaires.

» Certaines caricatures nous peignent en détail le monde renversé ; elles n'exagèrent pas : il est vraiment à rebours du bon sens et de l'économie, surtout aux cuisines.

» Si une Phalange, selon l'usage civilisé, occupe des Hercules de 30 ans à plumer des alouettes et trier du cacao, scandale qu'on voit chez tous les traiteurs et cafetiers, il faudra donc envoyer les bambins de 4 ans au travail pénible des pompes et de l'arrosage.

» Telle serait la conséquence de ces préceptes soi-disant moraux, qui veulent étouffer chez l'enfant les penchans à la gourmandise, à la fréquentation des cuisines, où la nature lui a ménagé

tant de fonctions. L'enfant se plaît au tracas des cuisines : il serait charmé d'y intervenir, si on lui fournissait tout l'assortiment de petits ustensiles ; marmites, pots et casseroles en miniature : ce serait pour lui le suprême bonheur.

» On refuse à l'enfant civilisé l'accès aux cuisines, pour diverses raisons :

1. Il est maladroit et brise les vaisselles.

2. Il renverse les mets, souille tous ses vêtemens.

3. Il se brûle ; il ne sait pas manier le feu ; on est forcé à lui
en interdire même les approches.

4. On n'a, dans une cuisine civilisée, ni gardiens, ni instruc-
teurs, ni moyens pour le façonner au travail.

5. L'enfance serait dans nos cuisines en trop petit nombre
pour y opérer par Séries de groupes, distribution hors de laquelle tout enfant est transformé en vandale.

6. Les menus travaux, comme plumage, épluchage, pelage,
etc., ne fournissent pas chez nous des masses d'ouvrage auxquelles on puisse affecter des groupes régulièrement équilibrés.

7. Nos cuisines manquent de la branche de confection enfantine ; elles ne préparent pas les trois sortes de chère : *Majeure*
pour hommes, *mineure* pour femmes, *neutre* pour enfans, et
pivotale ou commande.

» ⋈ Enfin, la cuisine serait pour l'enfant une école de dépravation, par les sottes complaisances des domestiques, et les
accidens fâcheux qui souvent en seraient la suite.

» Ainsi la première école de l'enfant, la cuisine, lui est interdite en Civilisation. Je la place au premier rang, parce que le
stimulant y est plus fort que partout ailleurs. La cuisine exerce
en lui l'esprit et les sens ; car, au charme du mobilier miniature
qu'il trouve là comme dans d'autres ateliers, se joint l'influence
de la gourmandise, passion très-généralement dominante chez
les enfans de deux premières phases, 0 à 9 ans.

» Sans doute ils ne sont pas friands de viandes ni de ragoûts ;
mais sous le nom de CUISINES SÉRIAIRES, je comprends tous les
ateliers de comestibles, entr'autres ceux de confiserie, fruiterie,

laiterie, qui sont les lieux les plus attrayans pour l'enfant ; la
boutique du confiseur est pour lui le paradis terrestre ; et c'est au
Séristère de confiserie, annexe des cuisines, qu'est la première
école des poupons et bambins. Le jardin, éminemment utile à
l'éducation de l'enfant, est en chômage une partie de l'année ; la
cuisine est constamment en activité.

» Parvenu à l'âge de raisonnement, aux chœurs des séraphins,
6 1/2 à 9 ans, il apprendra aux cuisines mieux que partout
ailleurs, la progression nuancée ou échelle des fantaisies dont
se composent les trois corps d'une Série ; il y prendra parti
après option raisonnée, et il en épousera quelques rivalités.

» . . . .

» Comme les intrigues de bonne chère sont les plus puissantes
sur l'enfant tout dévoué au sens du goût, on s'efforcera de rendre
la cuisine attrayante pour le jeune âge, l'enrichir d'un mobilier
bien adapté aux travaux de l'enfance, et toujours distribué en
triple échelle, grande, moyenne et petite, avec nuances dans
les trois divisions pour satisfaire tous les goûts.

» Ce n'est pas un appât pour un enfant actuel, que de voir
un rôti à la broche ; mais c'est une amorce pour les enfans
d'Harmonie, que de voir les broches nombreuses, disposées autour de trois feux saillans qui alimentent sept ou neuf genres de
broches. Au grand feu, les grandes broches et fortes pièces ; au
moyen feu, les pièces moyennes ; au petit feu, le menu rôt, les
brochettes.

» Cet assortiment fournit des fonctions pour tous les âges. Les
chérubins soignent les broches sous-minimes d'alouettes, bec-
figues et oisillons, placées en étage sur l'un des côtés du petit feu,
où les séraphins soignent les broches sur-minimes, contenant
cailles, grives et pigeons.

» Les lycéens et gymnasiens surveillent, au moyen feu, les
deux ou trois espèces de broches à volailles et pièces de moyenne
force.

» Enfin, les fonctionnaires adolescens surveillent, au grand
feu, les broches de grandes pièces.

» Cette distribution échelonnée (1) amorce l'enfant; elle ne lui plaît qu'autant qu'elle est graduée par nuances, et qu'il peut y jouer en petit le rôle de singe ou imitateur de ses aînés.

» Je n'étends pas la comparaison aux ateliers de confiserie et fruiterie : leur affinité avec les goûts de l'enfance est si connue, qu'il convient de s'attacher, dans la théorie, aux branches les moins attrayantes, comme le four et la broche, que j'ai dû préférer par cette raison.

(1) Par exemple, un grand four de pâtissier, bien noir, bien malpropre, et garni de grillons sifflans, ne saurait plaire ni aux enfans, ni aux hommes. Si nous supposons, au lieu de ce sale atelier, trois fours inégaux, ornés alentour de marbre noir, pour éviter le noircissement causé par la fumée; si chacun des trois fours est adapté aux pâtisseries de diverses grandeurs, les groupes d'enfans seront charmés de faire cuire au troisième four les petits pâtés, petits gâteaux, mirlitons et menus objets qu'ils auront préparés. Leur intervention offrira triple avantage :

Exempter les hommes faits d'un ouvrage auquel suffisent les plus faibles enfans;

Former ces enfans au travail, à l'école d'hommes exercés;

Ménager à ces mêmes hommes une rivalité piquante, en ce qu'elle sera exercée par les enfans, leurs inférieurs.

Ainsi le régime sériaire ou industrie progressive crée pour les enfans une foule d'appâts dont le travail morcelé n'offre aucun germe. Nos travaux ne sont jamais assez étendus ni assez gradués pour comporter l'échelle d'ateliers en degré septénaire ou novennaire. Tout Séristère offre cette variété nuancée, au moyen de trois laboratoires de genre, subdivisés en deux ou trois laboratoires d'espèce.

Une telle échelle ne peut se former régulièrement que dans une association très-nombreuse, comme une Phalange de grande Harmonie à 15 ou 1600 sociétaires. On ne pourrait pas établir cette graduation dans une Phalange d'ordre simple, de 4 à 500 personnes; encore moins dans une petite réunion de 20 ou 30 ménages, qui ne sauraient fournir les assortimens de passions nécessaires.

» Rallions à un principe général tous ces aperçus.

» Dans l'Harmonie, où il conviendra d'attirer l'enfant aux cuisines, on devra lui ménager sur ce point une attraction bi-composée et non pas simple. Il y aurait appât *simple,* s'il ne se fondait que sur le luxe des ateliers. L'appât sera *composé,* si on y ajoute les rivalités d'émulation enfantine. Il sera *surcomposé* par les intrigues indirectes qui se lient à la culture ou à la fabrication. Enfin, il sera *bi-composé* ou quadruple, par le lustre des chefs et des fonctions.

» Un cuisinier civilisé est un fonctionnaire de peu de relief hors de la coterie des gastrolâtres : il n'en est pas ainsi d'un cuisinier d'Harmonie, qui souvent peut être un monarque, toute industrie étant compatible, en Association, avec le rang suprême. D'ailleurs, cette fonction se trouve liée avec les Séries de culture, de conserve, de chimie, de médecine hygiénique, d'économie sanitaire ; et le cuisinier harmonien devient, par suite, un savant de premier ordre.

» Aucune des quatre amorces précitées ne peut se rencontrer dans les cuisines civilisées, pas même dans la confiserie ni la fruiterie, qui pourtant exercent encore de l'attraction sur l'enfant. Quelle sera donc leur influence dans l'ordre naturel ou sériaire, hors duquel aucun atelier ne saurait fixer l'enfant à l'industrie ! »

IV

LIEN D'ATTRACTION ENTRE LES ÉCOLES ET L'INDUSTRIE.

DÉFINISSONS-LE par un exemple :

« Les études ne doivent, avons-nous vu, figurer qu'en second ordre ; elles doivent naître d'une curiosité éveillée par les fonctions matérielles. Il faut que le travail de l'école soit lié à celui des ateliers et cultures, et provoqué par les impressions reçues à ces ateliers.

» Par exemple, Nisus à six ans est passionné pour le soin des faisans et des œillets; il figure activement dans les intrigues des groupes qui soignent la faisanderie et l'œilleterie.

» Pour introduire Nisus aux écoles, on se gardera bien de mettre en jeu l'autorité paternelle et la crainte des férules, pas même l'espoir de récompense. On veut, au contraire, amener Nisus et ses pareils à demander l'instruction : comment s'y prendre ? Il faut amorcer les sens, qui sont les guides naturels de l'enfant.

» Le Vénérable Théophraste, qui, à la faisanderie, préside les chérubins et les aide de ses conseils, apportera à la séance un gros livre contenant les gravures des différentes espèces de faisans, de celles que possède le canton, et de celles qu'il ne possède pas. (C'est un volume de l'Encyclopédie naturalogique enluminée.)

» Ces gravures font le charme des enfans de cinq ans; ils en parcourent avidement la collection. Au-dessous de ces *belles images* est une courte définition. L'on en explique deux ou trois aux enfans. Ils voudraient entendre lire toutes les autres ; mais le Vénérable de station ou le séraphin de ronde *n'ont pas le temps* de s'arrêter à ces explications.

» C'est une ruse convenue dans les Séristères de basse-enfance : chacun est d'accord à dire au chérubin, qu'on n'a pas le temps de lui expliquer ce qu'il veut savoir ; on lui refuse adroitement les instructions qu'il demande; on lui observe que s'il veut connaître tant de choses, il n'a qu'à apprendre à lire, comme tel et tel qui ne sont pas plus âgés que lui, et qui sachant lire, sont déjà admis à la bibliothèque mineure.

» Là-dessus, le séraphin emporte le livre des *belles images* dont on a besoin aux salles d'étude. Pareil tour est joué aux enfans qui cultivent les œillets; on a excité leur curiosité sans la satisfaire en plein.

» Nisus, piqué de cette double privation, qu'il a essuyée aux

groupes de faisanderie et d'œilleterie, veut apprendre à lire
pour s'introduire à la bibliothèque, et y voir les gros livres
qui contiennent tant de *belles images*. Nisus fait part de ce
projet à son ami Euryale, et tous deux forment le noble complot
d'apprendre à lire. Une fois l'intention éveillée et manifestée,
ils trouveront assez les secours de l'enseignement : mais l'état
sociétaire veut les amener à *demander l'instruction;* leurs
progrès seront trois fois plus rapides, quand l'étude sera *travail
d'attraction, enseignement sollicité.*

» Ici j'ai mis en jeu l'un des goûts favoris de l'enfance, le
goût des gravures enluminées, représentant les objets auxquels
l'enfant s'intéresse activement par connexion avec ses travaux.

» Ce ressort paraît suffisant pour éveiller l'idée d'apprendre
à lire : analysons mieux l'amorce, et distinguons-y un mobile
bi-composé, double en matériel (M) et double en spirituel (S).

» M. 1°. L'impatience de connaître l'explication de tant de
belles images.

» M. 2°. Le rapport de ces gravures avec les animaux ou
végétaux qu'il soigne de préférence.

» S. 3°. L'envie de s'élever du sous-chœur des mi-chérubins
au sous-chœurs des hauts chérubins, qui ne le recevront pas s'il
ne sait pas lire.

» S. 4°. Les ironies de plusieurs des hauts chérubins qui,
sachant déjà lire, se moqueront du retardataire.

» Mettez en jeu ces véhicules d'attraction bi-composée, et le
succès sera aussi prompt qu'il serait lent et douteux si on recou-
rait aux mobiles civilisés, à l'ordre du père et du pédant, aux
pénitences et châtimens, aux faibles appâts de quelques méthodes
actuelles, dont la plus vantée, le *mutualisme,* n'atteint pas
même au véhicule composé, encore moins au bi-composé.

» Pareille méthode régnera dans les diverses branches d'é-
tude ; écriture, grammaire, etc. On y entremettra toujours l'a-
morce bi-composée, les refus concertés et ruses innocentes pour
éveiller l'émulation. Elle ne peut naître que sur les branches
d'études analogues aux travaux que l'enfant exerce passionnément.

C'est donc en tout sens par le matériel d'industrie que doit commencer son éducation; et rien n'est plus mal entendu que la méthode *simpliste* des Civilisés, qui veulent faire de l'enfant un géomètre, un chimiste, avant de l'avoir amorcé aux fonctions propres à éveiller en lui le désir de connaître les mathématiques et la chimie, et de combiner ces théories avec la pratique par où il a débuté.

» C'est donc aux jardins et basses-cours, aux cuisines et à l'Opéra que doit commencer l'éducation de l'enfant; il ne doit passer à l'école que pour y étendre les notions dont il a déjà pris une teinture confuse en exercice industriel. »

V

OPÉRA HARMONIEN,

OU SÉRIE PIVOTALE EN UNITÉ MATÉRIELLE.

Voici un paradoxe bien autrement étrange encore que tout ce qui précède, aux yeux des Civilisés : — l'Opéra, institution et haute institution d'éducation !! — Voyons pourtant la question de près, et regardons-y avec notre intelligence. Il serait singulier que ce que nous avons à dire sous ce titre, fût déjà chose admise aujourd'hui; nous espérons le démontrer. — Procédons par ordre.

Nous avons vu que l'enfant, « aux cuisines de sa Phalange, distribuées en mode progressif, acquiert la dextérité, l'intelligence en menus travaux sur les produits des deux règnes qu'on y met en œuvre, » et qu'il y rencontre les élé-

mens d'initiation aux sciences naturelles. Nous
allons voir qu'il trouve à l'Opéra les élémens de
l'initiation à tous les beaux-arts, et qu'il y acquiert
« l'esprit d'unité matérielle qui doit être type et
voie de l'unité passionnelle. »

« L'*Opéra* est l'assemblage de tous les ACCORDS
MATÉRIELS MESURÉS. Il est aisé d'y en compter une
gamme complète.

K. *Intervention mesurée de tous les âges et sexes.*
1. Chant,   ou   Voix humaine mesurée.
2. Instrumentation,   ou   Son artificiel mesuré.
3. Poésie,   ou   Parole mesurée.
4. Geste,   ou   Expression mesurée.
5. Danse,   ou   Marche mesurée.
6. Gymnastique,   ou   Mouvemens mesurés.
7. Peinture,   ou   Ornemens mesurés.
X. MÉCANISME,   ou   Distribution géométrique mesurée.

Ainsi, l'Opéra est l'assemblage de tous les
accords matériels, le lieu de convergence des
principales actions mesurées, le foyer où se concentrent les rayons des beaux-arts. Cette définition établie, examinons d'abord l'Attraction qu'il
inspire.

Cette Attraction des hommes et des enfans
pour l'Opéra est un fait trop évident pour que
nous ayons autre chose à faire que d'en prendre
simplement acte en l'énonçant. Les plus beaux,
les plus magnifiques emplois de l'activité humaine,
sont ceux dans lesquels l'individu se combine avec

la masse en **MODE MESURÉ** ou régulièrement harmonique. Aussi la nature a distribué à l'homme de puissantes Attractions pour ce mode; et comme les enfans, qui ne sont pas encore faussés par la société, sont aujourd'hui beaucoup plus près de la nature que leurs pères, ces Attractions éclatent vivement en eux à l'aspect de tous les actes exécutés en mode mesuré. Nous avons constaté leur MANIE IMITATIVE à propos des travaux exécutés devant eux en *mode individuel.* Cette manie devient bien autrement violente quand ils sont témoins de manœuvres harmoniques, d'*évolutions mesurées,* telles que celles

> Des militaires à l'exercice;
> Des thuriféraires à la procession;
> Des danseurs à l'Opéra.

« Qu'on rassemble cent Bambins ou grands Poupons pris au hasard. Si on leur fait voir ces différentes manœuvres, ils s'empresseront de les imiter. A défaut de fusil, chacun d'eux prendra un bâton; à défaut d'encensoir, une pierre suspendue à une corde; à défaut de houlette, une branche de saule.

» Que si on leur fournit de petits fusils, petits encensoirs, petites houlettes, vous les verrez transportés de joie, écoutant avec une docilité respectueuse les leçons qu'on voudra bien leur donner sur les évolutions. Leur enthousiasme croîtra encore si on ajoute costume et attirail, si on leur donne de petits bonnets de grenadiers, petits surplis pour la procession, petits chalumeaux pour les figures chorégraphiques. »

Il n'est personne qui n'ait vu, aux approches de la Fête-Dieu, la preuve de cette influence des manœuvres mesurées sur l'enfance. Fleuristes et Thuriféraires sont ardens aux exercices préparatoires ; quinze jours à l'avance ils apprennent et répètent avec passion, chaque soir, les nombreuses figures qu'ils exécuteront avec tant de charme, lors de la cérémonie sainte. Les derniers jours, *ils vont aux fleurs,* ils se répandent dans les prairies, comme un essaim d'abeilles, et cueillent à l'envi les marguerites aux blanches pétales, les roses sauvages, les coquelicots et les bluets dans les blés, les fleurs du caille-lait, de la nielle, et de l'esparcette, les jolis bouquets bleus des myosotis, et toutes les autres. Que le jour soit beau, maintenant, pour cette belle fête antique, la plus religieuse fête du christianisme, et vous verrez les Chœurs des jeunes lévites faire au Saint-Sacrement un digne cortége ! Les femmes et les jeunes filles accompagnent les bannières et jettent dans l'air les brillantes notes de leurs voix pieuses ; les prêtres, dans leurs plus riches ornemens, entourent le dais sacré, qui avance avec lenteur et majesté dans les rues toutes pavoisées de branches vertes et de fraîches feuillées ; la foule se découvre et s'agenouille sur son passage, et quand il s'arrête, à intervalles réglés, les chants cessent, tout fait silence, et les jeunes Chœurs de Thuriféraires et de Fleuristes entrelacent alors autour de lui les mouvemens mesurés de leurs évolutions, croisent sur lui, en cadence, leur encens et leurs fleurs.

Remarquez que cette belle fête vous donne seule, aujourd'hui, l'idée de la *Série de parade, en échelle des âges.* Tous les âges et tous les sexes sont représentés. Les femmes et les jeunes filles chantent les airs brillans des cantiques ; les hommes chantent les notes plus graves de la liturgie chrétienne ; les adolescents jettent l'encens dans l'air, et les enfans jettent les fleurs. Les âges complémentaires y assistent aussi ; car les mères mènent par la main, dans la procession, les enfans trop jeunes pour figurer dans les Chœurs ; et ces enfans, en lévite blanche aussi, puisent aussi dans leur corbeille de fleurs suspendue à leur cou par un ruban rose, et jettent aussi des fleurs quand ils voient les Chœurs en jeter. Le Poupon lui-même intervient dans cette belle fête, en petit St. Jean-Baptiste, vêtu d'une peau de mou-

ton enrubanée, et porté sur les bras de sa nourrice. Et tous les âges, tous les sexes, tous les
mouvemens et toutes les voix se composent en
un tout unitaire, et manœuvrent sur un Pivot,
le Saint-Sacrement et son collége de prêtres, le
Saint-Sacrement qui brille au centre du cortége,
comme un soleil au centre de son tourbillon.

Oh! c'est dans les Phalanges qu'il faudra voir
cette fête! Les harmonies des sexes et des âges
sont bien autrement nombreuses, bien autrement graduées, mesurées et cadencées dans la
moindre Phalange, que dans les plus magnifiques
processions des cathédrales de nos grandes villes!
les accords bien autrement pleins, variés et brillans! — Les hommes, les femmes et les jeunes
filles, qui ne font qu'*assister* à nos processions,
figurent dans les cérémonies religieuses des Phalanges. Les Chœurs au-dessous de la puberté
donnent à eux seuls douze douzaines ou 144
figurans, ainsi prélevés :

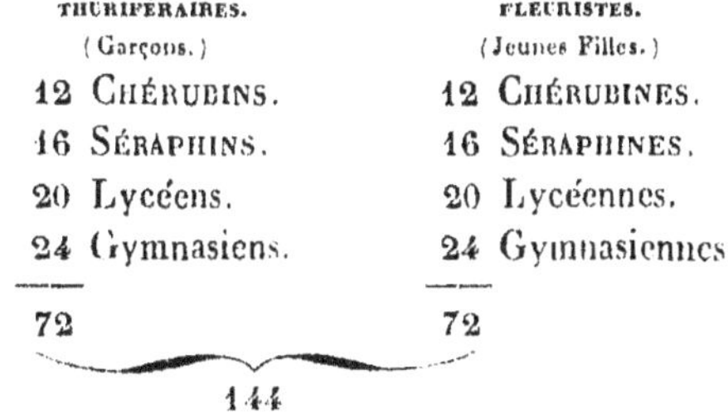

THURIFÉRAIRES.	FLEURISTES.
(Garçons.)	(Jeunes Filles.)
12 Chérubins.	12 Chérubines.
16 Séraphins.	16 Séraphines.
20 Lycéens.	20 Lycéennes.
24 Gymnasiens.	24 Gymnasiennes.
72	72

144

Les Tribus plus jeunes apportent des recrues pour les emplois accessoires ; et les Tribus supérieures pour les autres fonctions religieuses de la cérémonie.

Représentez-vous donc cette fête splendide, où les trente-deux Chœurs de la Phalange offrent chacun son contingent à la milice sainte, où les Phalanges déploient tous leurs luxes de décorations et de costumes, toutes leurs magnificences d'ornemens et de bannières, toutes leurs puissances d'instrumentation et de voix harmonieusement mariées, toute leur science d'évolutions et de manœuvres ! Représentez-vous la Fête-Dieu ainsi célébrée le même jour sur toute la terre, l'encens, les fleurs, les hymnes et les cantiques montant au ciel de tous les points du Globe ! le Globe entier, d'un pôle à l'autre, pavoisé de sa grande humanité , mariant toutes ses voix, ralliant ses peuples et ses races en un immense accord, en un seul hymne chanté dans la même langue, la langue d'amour et de bonheur, la langue de Dieu, la seule langue qu'il aime et qu'il entende.... Ah ! c'est à ravir l'âme au ciel, car si vous voyiez aujourd'hui dans un rêve apocalyptique les Phalanges et les Jérusalem de la Terre de l'avenir, vous croiriez que les Phalanges et les Jérusalem célestes sont descendues d'en-haut sur

cette Terre bénie et radieuse ! Terre radieuse
et paradisiaque, qui communies maintenant dans
l'harmonie mesurée des sphères; Terre radieuse,
qui roules dans le ciel, comme un diamant étin-
celant sous les feux du soleil ! Terre, tu es dans
le ciel ; qu'as-tu maintenant à envier au ciel !

Mais j'ai dépassé mon but en parlant de ces
hautes harmonies, car mon but était seulement
de montrer que nos enfans, *si rétifs* à des exercices mornes et solitaires de lecture et d'écriture,
sont *parfaitement dociles* et *passionnément subor-
donnés* dans les *exercices et les évolutions mesurées*
des processions de nos villes et de nos villages.
La puissance du mode mesuré est telle sur eux,
qu'un mois encore après le jour de la fête, vous
les voyez jouer aux petits abbés, faire de petites
chapelles, de petits reposoirs.

Faites une remarque. Vous avez compris la
puissance du mode mesuré : demandez-vous à
quoi la Civilisation a su en faire un emploi régulier? à deux choses seulement : à ses armées,
qui sont la destruction organisée, et à son théâtre,
qu'il faut bien se garder de confondre avec le
théâtre harmonien. — Il en devait être ainsi,
puisque la Civilisation n'est que le jeu subversif
des choses. Comment la Civilisation, avec son

morcellement industriel, pourrait-elle adapter le mode mesuré à l'industrie générale ?

En Harmonie, l'emploi du mode mesuré est un fait qui dérive de l'essence même des conditions industrielles. Indépendamment des grands travaux extérieurs des ARMÉES INDUSTRIELLES de tout degré, la plupart des travaux intérieurs un peu considérables, comme les vendanges, les moissons, les fauches, les labours, les constructions, la direction des grands troupeaux, et cent autres opérations, s'exécutent journellement, dans le sein de la Phalange, par mouvemens de masses manœuvrant en mode mesuré. Le mode mesuré est le mode puissant, le mode industriel par excellence. Il est donc du plus haut intérêt d'habituer les Harmoniens dès l'enfance à ce mode d'action, pour lequel l'homme a d'ailleurs un si grand attrait. L'Opéra, qui réunit, comme nous l'avons vu, tous les genres d'actions mesurées, est donc l'école naturelle et attrayante où l'enfant se façonnera de bonne heure à tous les exercices matériels du mode mesuré ; c'est dans les Chœurs de l'Opéra qu'il acquerra la justesse de la voix et de l'oreille, la précision des mouvemens, l'obéissance passionnée dans les manœuvres d'ensemble, et par-dessus tout l'amour de l'Unité, dont l'Opéra harmonien lui présentera toujours l'image :

« L'Opéra harmonien, » dit Fourier, « est une école de morale
en image : c'est-là qu'on élève la jeunesse à l'horreur de tout ce
qui blesse la vérité, la justesse et l'unité. Aucune faveur ne peut
excuser, à l'Opéra, celui qui est faux de la voix ou de la mesure, du geste ou du pas. L'enfant d'un prince, dans les figures
et les chœurs, est obligé de souffrir la vérité, et les critiques
motivées de la masse. C'est à l'Opéra qu'il apprend à se subor-
donner en tout mouvement aux convenances unitaires, aux accords généraux. L'Opéra est donc l'école MATÉRIELLE d'unité,
justice et vérité : il est, sous ces rapports, l'image de l'esprit
divin, le vrai sentier de la morale.

» C'est non-seulement en tableaux, mais aussi en relations sociales que l'Opéra est sentier d'unité. Par exemple, en fait de
langage, quelle honte pour les Civilisés, qu'avec leurs jactances
de perfectibilité ils ne puissent pas se comprendre de voisins à
voisins, ni régulariser le langage, pas même de province à province d'un même empire, vivant depuis mille ans sous les mêmes
lois !

» C'est à l'habitude générale de la scène que les Harmoniens
devront en grande partie l'unité de langage et même de pronon-
ciation réglée en congrès universel. Tout est lié dans le système
des unités ; le langage est le premier anneau de cette vaste
chaîne : sa duplicité actuelle est le sceau de réprobation pour la
sagesse philosophique. Où donc prétend-elle établir l'unité, si
elle ne peut pas même l'introduire dans la première des relations
sociales, celle du langage, qui entraînerait toutes les autres unités
matérielles, et par suite les spirituelles ?

» Nous reviendrons sur l'excellence de l'Opéra comme levier
d'éducation et voie de lien amical entre tous les inégaux d'un
canton. Avant d'insister sur ce sujet, il faut faire connaître plus
amplement les Séries industrielles dont on retrouve l'emblème
dans les Séries musicales et chorégraphiques. Aussi l'Opéra sera-
t-il chéri des Harmoniens, à titre d'image du régime social qui
fera leur bonheur. Chez nous, il n'est qu'un tableau sans intérêt,
sans analogie : notre système social n'établissant que le règne de

toutes les duplicités politiques et morales, quel charme peut nous
offrir une image matérielle de toutes les unités, dont aucune, pas
même celle de langage, ne nous est connue? »

Nous croirions faire injure au lecteur en nous
considérant comme tenu de lui expliquer que
l'Opéra harmonien est tout autre chose que
l'Opéra civilisé. L'Opéra est la Série la plus générale, la plus complète du domaine des beaux-
arts; c'est une Série si large, que tous les individus de la Phalange y interviennent à quelques
titres et pour quelques emplois, car les autres
Séries artistiques viennent chacune aboutir à
celle-ci, qui les met toutes en réquisition et en
action composée-convergente : peintres, musi-
ciens, chanteurs, chorégraphes, mécaniciens, ar-
chitectes, poëtes y agissent de concert. Aussi
l'Opéra, tant par la vive attraction qu'il exerce
sur la jeunesse, que par la réunion active de tous
les beaux-arts qui s'y concentrent, devient-il
l'*École souveraine d'éclosion de tous les nobles
instincts artistiques* que Dieu a déposés avec pro-
fusion dans l'âme humaine.

D'ailleurs, et ceci ne doit pas être oublié, les
spectacles de l'Opéra harmonien se combinent en
tout point avec l'ensemble de la vie harmonienne;
car le théâtre des Phalanges n'est autre chose
que la représentation des manifestations de la

grande activité humaine, concentrées dans leur essence la plus haute et la plus poétique.

Ces spectacles offrant l'expression brillante et mesurée du mouvement social, entraînent toutes les individualités dans l'œuvre de l'ensemble par la puissance des séductions qu'ils exercent sur la masse, et se coordonnent ainsi au grand concert des actes industriels, au Ton unitaire dont ils donnent le diapason général en *mode matériel* (1). Voilà donc, employée au bien, régularisée pour le bien, cette puissance des grands spectacles sur les masses, puissance dont on ne peut nier l'énergie, et qui, dans notre société, n'est pas réprouvée sans bonnes raisons par la classe religieuse et par la classe des moralistes sévères, puisqu'elle n'entraîne guère aujourd'hui qu'aux dissipations, aux folles dépenses et souvent à la démoralisation. — D'ailleurs, c'est toujours ici le procédé harmonien, qui consiste, non pas à détruire les forces en haine des mauvais effets qu'on en a tirés jusqu'ici, mais bien à les diriger avec intelligence à de bons, à de beaux, à de nobles effets.

(1) Dans un autre ouvrage, qui sera consacré à l'étude et à la description des hautes harmonies sociales et cosmogoniques, nous verrons que le culte donnera le diapason général du Ton unitaire en *mode religieux et spirituel*.

L'Opéra est la Série pivotale en ordre matériel, ou la réunion harmonique de tous les mouvemens mesurés de cet ordre. Nous avons dit en commençant ce chapitre, que l'Opéra harmonien, c'est-à-dire la grande école du mode mesuré, devait être une haute institution d'éducation ; ce paradoxe est déjà démontré : nous avons dit encore que l'opinion n'était peut-être pas fort éloignée aujourd'hui d'admettre ce que nous avions alors à démontrer ; c'est ce qu'il nous reste à faire comprendre.

Ne sait-on pas, en effet, déjà, que c'est par l'emploi du *mode mesuré,* que nous sommes parvenus à mouvoir nos armées régulières, des armées de deux cent et quatre cent mille hommes ? Comparez nos pauvres conscrits, ces jeunes paysans gauches, lourds et sans tenue, qui arrivent au régiment en sabots, avec les soldats qui ont une ou deux années seulement d'uniforme, c'est-à-dire avec ces mêmes conscrits après les premiers temps de leur éducation militaire. Certes la différence est grande pour le maintien, la prestesse, le dégagement et l'habileté. Eh bien ! comment cette éducation aurait-elle pu être conduite sans l'emploi du mode mesuré ? N'est-ce pas en mode mesuré qu'ils apprennent à manier le sabre, le fusil, le canon, à manœuvrer à pied

ou à cheval? N'est-ce pas aux sons mesurés des
tambours, des clairons et des marches de la musique militaire placée en tête de chaque régiment, que les évolutions s'exécutent, que les
pelotons et les bataillons accommodent leurs pas
et leurs mouvemens? Et les commandemens
partis du colonel, transmis hiérarchiquement aux
chefs-de-bataillon, aux capitaines, et simultanément exécutés sur toute la ligne, n'est-ce pas
là aussi du *mode mesuré* mis en action? Ainsi,
l'on admet bien que l'emploi du *mode mesuré*,
pour l'éducation des troupes et pour la direction
des mouvemens militaires, est la condition même
de l'existence de nos grandes armées.

Voici maintenant un autre exemple qui rentre
mieux dans la spécialité du sujet que nous trai-
tons. C'est l'exemple des *salles d'asyle*. Les salles
d'asyle sont déjà nombreuses à Paris, où la première a été fondée en 1828. Allez visiter une
salle d'asyle, si vous ne connaissez pas encore ces
bons et pieux établissemens; aucun spectacle à
Paris ne vous donnera de meilleure et de plus
douce émotion. Le but de la salle d'asyle est de
recevoir pour la journée les enfans, en bas âge,
du quartier environnant. L'établissement se compose d'une cour plantée d'arbres, munie d'un
auvent spacieux. Quand il fait beau, les enfans

jouent dans la cour au soleil ; ils se réunissent sous l'auvent quand il pleut. Dès sept heures du matin les mères ou les grandes sœurs amènent les petits enfans à l'Asyle, où ils restent jusqu'à sept heures du soir ; on les reçoit depuis l'âge de vingt-deux mois jusqu'à six ans.

Or, vous verriez dans la cour trois cents petits enfans, pleins de gaieté et de gentillesse, jouant, sautant, dansant à la corde et se roulant sur le sable au soleil, — et pour ces trois cents enfans un seul surveillant ! J'ai vu dans la cour de la salle d'asyle de la rue St.-Hypolite, un petit jardinet tout éblouissant de fleurs, et au milieu des fleurs un cerisier nain, pas plus haut que les enfans de trois ou quatre ans, qui jouaient à côté ; ce cerisier était couvert de belles cerises rouges, que chacun des enfans aurait pu cueillir en avançant la main. Eh bien ! aucune de ces jolies cerises n'était cueillie, aucune de ces jolies fleurs n'était touchée, toutes ces jolies tentations étaient respectées ! et notez, s'il vous plaît, que ces petits enfans sont bien libres, car souvent le directeur est à côté et reste des demi-heures entières sans paraître. — Mieux que cela ! quand de nouveaux enfans arrivent à l'Asyle, sitôt qu'ils s'approchent du petit jardin, ce sont les autres qui leur apprennent qu'*on n'y touche pas,* et aucun

n'y touche. Il n'y a jamais eu une gronderie à
faire, une punition à infliger : pourtant la sé-
duction est grande. C'est l'influence du Ton qui
règne là, l'influence du Ton unitaire.

Mais voici ce qui est joli. Quand tous ces petits
enfans sont à s'amuser dans leur cour, où ils s'amusent tant, que *la moitié au moins,* nous disait le
bon directeur, *oublieraient de manger et laisse-*
raient, sans y toucher, leurs petits paniers pleins
de nourriture, si l'on n'y prenait garde; quand
ils s'amusent tant, disais-je, voici que le maître
donne un coup de sifllet..... à ce coup de sifllet,
petites filles et petits garçons quittent subitement
le jeu et viennent se mettre en file, chacun à son
rang : trois cents enfans, et des poupons de vingt-
deux mois ! et tout fait silence ! — « Attention,
mes enfans! » dit le maître; et au second coup
de sifllet tous croisent les mains derrière le dos.
Au troisième coup de sifllet, le maître battant
la mesure avec un livre en bois, les deux régi-
mens de petites filles et de petits garçons se mettent à marcher en marquant le pas et en chantant sur l'air de Malborough :

> Nous nous mettons en marche,
> Mironton, ton, ton, mirontaine ;
> Nous nous mettons en marche
> Pour aller travailler ;
> Car il faut s'occuper
> Pour ne pas s'ennuyer,
> Pour ne pas s'ennuyer.

Et les voilà marchant en mesure sur deux files, toujours chantant en mesure, et chantant, sur un air d'abord, puis sur un second, puis sur un troisième, tous les mouvemens qu'ils font, toutes les évolutions qu'ils exécutent pour aller, en bon ordre, prendre les places accoutumées sur les bancs de la salle. — Le maître donne-t-il un coup de sifflet, tout s'arrête, marche et chant. C'est un silence parfait, vous entendriez une mouche voler. —Quand la mesure reprend, la marche et le chant reprennent. C'est merveilleux.

Je ne décrirai pas la série des petits exercices de lecture, de numération, de mouvemens, qu'on leur fait exécuter pendant deux heures que dure la séance, et qu'ils exécutent tantôt en chantant, tantôt sans chanter, mais toujours régulièrement. toujours simultanément, toujours *en mesure*. Cela serait trop long à dire ; allez voir la salle d'asyle de la rue St.-Hypolite ; c'est la plus intéressante, parce que c'est la plus nombreuse. Allez la voir, et vous ne regretterez pas votre course, et vous comprendrez ce que l'on peut, sur des masses aussi jeunes, avec le chant, avec le pas régulier, avec le mouvement cadencé, avec un emploi, encore si faible et si confus cependant du *mode mesuré !*

A côté de la cour et de la salle des tout petits, il y a la cour et les salles d'école mutuelle pour les grands. Trois cents garçons dans l'école mutuelle des garçons, trois cents filles dans l'école mutuelle des filles, apprennent à lire, à écrire, à dessiner, font de l'arithmétique, de la géométrie et du solfége, sous la direction d'un seul maître et d'une seule maîtresse ! ! Voilà donc, grâce à l'imitation, grâce au mutualisme, grâce à l'entraînement progressif ascendant, et grâce surtout à un emploi encore fort restreint du mode mesuré, six cents enfans et plus, tenus, gouvernés, instruits sous la direction seulement de trois grandes personnes !

Je dis six cents et plus, car il y a eu quelquefois jusqu'à onze cents enfans présens dans l'établissement de la rue St.-Hypolite. En vérité, il n'est pas permis de fermer les yeux à de pareilles révélations. Représentez-vous seulement ces onze cents enfans passant, isolément chacun, la journée dans leurs familles, et calculez ce qu'ils feront de sottises ; que d'ennuis et de désolations ils coûteront à leurs parens ; ce qu'ils pousseront de cris, ce qu'ils verseront de larmes ! Aussi le maître de la salle d'asyle vous le dira-t-il, comme il me l'a dit et comme je le savais d'avance :

« Il est bien plus facile d'en tenir et d'en élever

» TROIS OU QUATRE CENTS, QUE D'EN TENIR ET D'EN
» ÉLEVER TROIS OU QUATRE. »

Et qu'est-ce encore, bon Dieu ! que la puissance des moyens de nos pauvres salles d'asyle, à côté de la puissance immense, de la richesse exubérante, de la fécondité inouïe des moyens d'éducation de la moindre Phalange? Voilà que cependant, déjà, pour les petits enfans des riches, on commence à fonder des salles à l'imitation de celles qui n'ont été fondées qu'en 1828 pour les enfans des pauvres ! — Allez visiter une salle d'asyle, et si vous avez seulement jeté les yeux sur la théorie de l'éducation phalanstérienne, vous en reviendrez Phalanstérien.

Nous ne pouvons plus craindre d'être arrêtés par aucun homme intelligent et sensé, en prenant nos conclusions et en résumant ainsi ce que nous avons établi sur l'Opéra des Phalanges.

L'Opéra est l'Ecole des harmonies du *mode mesuré*, c'est-à-dire du mode dont l'emploi est le plus fécond, le plus puissant, le plus magnifique dans le domaine de la grande Industrie phalanstérienne:

L'Opéra est l'Ecole d'*éclosion des vocations artistiques* et la cause incessante du perfectionnement des beaux-arts, qui viennent y concentrer leurs rayons.

L'Opéra est l'Ecole *des mœurs actives d'Harmonie*, par l'influence qu'exercent sur les masses de spectateurs ou d'acteurs, la magie de ses grands spectacles, qui représentent ces mœurs dans leur essence la plus haute et la plus poétique, et qui glorifient les grands hommes et les corporations dans leurs œuvres les plus utiles au service de l'humanité.

L'Opéra est l'Ecole de la *subordination passionnée* de l'enfance et de la jeunesse, dans le chant, les évolutions, les manœuvres, et dans tous les mouvemens mesurés de la vie sociale industrielle, par le charme que possède l'action des accords d'ensemble de la masse, toute-puissante sur l'individu qui en fait partie. A l'Opéra, l'enfant et l'adolescent se façonnent donc à intervenir harmoniquement dans tous les grands accords.

Enfin, l'Opéra est le *Diapason* qui, depuis les Phalanges et les villes de différens degrés, jusqu'à la Capitale du Globe, donne sur toute la terre, dans les beaux arts, et par suite dans toutes les branches de l'activité humaine, le *Ton d'Unité*, le *Ton d'Harmonie*.

A tous ces titres, on voit bien que le Théâtre. et spécialement l'Opéra harmonien, n'est pas une institution propre seulement à répandre le plaisir sur le monde et à distribuer largement, à tous, les jouissances des beaux-arts, dont les masses misérables et incultes sont aujourd'hui totalement privées; il est propre encore à policer ces masses, à créer les artistes, à féconder les germes des plus belles et des plus nobles facultés humaines, à diriger ces facultés sur les plus grandes choses, à en combiner les puissances en les portant à leur plus haute, à leur plus brillante énergie : l'Opéra harmonien est donc l'ÉCOLE PIVOTALE DE L'UNITÉ *en mode matériel.*

> Mais toi, Seigneur, par qui tout s'enchaîne et se classe.
> Qui dus marquer à tout son lot, sa fin, sa place;
> L'ordre est ta gloire, à toi, comme tous dons parfaits:
> Qui donc impunément dérangea ton ouvrage ?
> Quel pouvoir malfaisant t'outrage
> En paralysant tes bienfaits?
>
> Madame AMABLE TASTU.

Nous avons vu que, la nature humaine apportant toutes les facultés sociales en germe et en puissance, le problème consistait à créer le milieu favorable à la pleine éclosion, au développement harmonique et libre de ces facultés natives qui émanent de Dieu même, foyer de tout attrait, de toute activité. Les études que nous venons de faire sur l'ordonnance de certaines branches spéciales de l'activité humaine dans la Phalange, nous ont suffisamment avancés dans la connaissance de ce milieu *convenant à la nature de l'homme,* pour que le lecteur, s'en représentant la réalisation, se puisse avec facilité rendre compte du développement heureux, du jeu souple, multiple et spontané de ces facultés, et des effets merveilleux de leur expansion convergente.

A la clarté de ce Génie divin qui s'est levé sur les vieilles ténèbres de la subversion; qui, du haut de notre époque dont il est sorti, et planant au-dessus de nos têtes, comme le Soleil au zénith, verse à flots abondants la lumière sur l'avenir et sur le passé, nous avons reconnu notre Royaume de la Terre : la nature de notre âme nous apparaît dans sa splendeur originelle, et nous retrouvons le sens perdu de sa parenté primitive avec Dieu. Hélas ! combien notre *intelligence* avait outragé notre *Ame* et calomnié Dieu ! que l'esprit de vertige et d'erreur s'était longtemps emparé de notre *raison* pendant qu'elle contemplait l'*Ame* humaine dans les déformations *passagères* subies au milieu des hontes et des douleurs de la subversion sociale ! Cette intelligence aveuglée, passant étourdiment, sans l'apercevoir, à côté de l'un des deux termes du rapport, demandait compte à la nature humaine du mal qu'engendrait seule la fatalité des choses ambiantes, l'organisation sociale délétère qui altérait et corrompait jusque dans ses sources vives, cette nature noble et divine ! C'était à l'essence même de l'organisme que notre intelligence faussée rapportait le mal, au lieu de le rapporter au milieu qui vicie et qui pervertit cet organisme admirable ! C'était contre cet organisme, chef-d'œuvre de la divinité, que l'intelligence en aberration faisait effort par la contrainte physique, morale, religieuse, par toute répression et toute compression, depuis le *pinsum* et la férule, jusqu'à la damnation et à la guillotine, pour accommoder la nature humaine à une forme sociale qui la blesse, qui la meurtrit, qui la torture, pour l'acclimater dans une atmosphère qui l'empoisonne ou l'abâtardit.....

En enlevant un coin du voile qui nous a caché si longtemps notre DESTINÉE SOCIALE, en déployant aux yeux de l'intelligence quelques tableaux de ce monde de magnificence, de bonheur et de gloire, au sein duquel l'Homme, Roi de la Terre, est appelé à communier en Dieu dans l'harmonie des Mondes et des Univers, nous avons réhabilité la nature humaine longtemps

méconnue ; nous avons coupé par la racine cet
arbre du désespoir et de l'impiété, qui étendait
depuis si longtemps ses tristes rameaux dépouillés
sur notre Terre, qui secouait sur cette Terre
désolée ses fruits remplis de cendres amères, et
nourrissait de tristesses, de douleurs et de dé-
ceptions les Peuples abusés. Nous avons montré
comment un homme, un Génie qui sera à jamais
sur notre planète la plus puissante et la plus féconde incarnation du génie de l'humanité, comment FOURIER a fait la découverte de l'Ame
humaine et du Monde social, comment il a en-
trepris de venger Dieu, en dissipant les erreurs
et les impiétés accumulées jusqu'à nous, d'âge en
âge, en instituant enfin sur la terre le glorieux
Sacrement de la *Liberté* et le Saint Sacrement
du BONHEUR.

C'est un *premier degré* D'INITIATION que nous
avons voulu donner ici aux hommes d'intelligence
et de bonne volonté. Encore quelques pages, et
cette première tâche sera terminée ; et ceux qui
nous auront suivis avec bonne foi, ceux dont
nous aurons eu puissance d'ouvrir les yeux à la
belle lumière, ceux que nous aurons conduits
au parvis du temple élevé par FOURIER, pourront
entrer plus avant et pénétrer avec facilité, d'eux-
mêmes, dans le sanctuaire.

CHAPITRE HUITIÈME.

Des Méthodes d'Enseignement et du Corps enseignant.

> A la mode de quoi nous sommes instruits, il n'est pas merveille si n'y les escoliers n'y les maistres n'en deviennent pas plus habiles. — MONTAIGNE.

> Que faut-il que les enfans apprennent? — Ce qu'ils doivent faire étant hommes. — AGÉSILAS.

> Ceux là s'embesongnoient aprés les paroles, ceux ci aprés les choses; là c'estoit une continuelle exercitation de la langue, icy une continuelle exercitation de l'âme.... ils ont voulu d'arrivée mettre leurs enfans au propre des effets, et les instruire non par ouïr dire, mais par l'essai de l'action, en les formant et moulant vivement, non-seulement de préceptes et paroles, mais principalement d'exemples et d'œuvres.... Mon régent me feroit une belle harangue *in genere de monstrativo*, avant qu'il me persuadast que son escole vaut cette là. — MONTAIGNE.

Nous ne dirons que quelques mots sur l'objet de ce chapitre, malgré l'intérêt qu'il comporte. La matière nous déborde, et ce volume a déjà dépassé les limites dans lesquelles il devait être resserré.

L'enseignement doit être considéré sous trois
faces : 1°. par rapport aux *Enseignés* ou *élèves ;*
2°. par rapport aux *Enseignans* ou *professeurs ;*
3°. par rapport aux *Méthodes* d'enseignement.

§. Ier.

LES ÉLÈVES.

Pour revenir à mon propos, il n'y a rien tel que
d'allécher l'appetit et l'affection, autrement on ne
fait que des asnes chargez de livres : on leur donne
à coups de fouët en garde leur pochette pleine de
science, laquelle pour bien faire, il ne faut pas
seulement loger chez soy, il la faut espouser.

MONTAIGNE.

Ce système de corporisation a pour effet de développer
dans l'âme de l'enfant une émulation sous l'empire
de laquelle le travail et l'étude ne sont plus qu'un
jouet pour lui.

A. PAGET.

Pour que l'enseignement soit harmonique par
rapport aux Enseignés, il faut d'abord que ceux-
ci y prennent plaisir, l'acceptent avec joie, s'y
donnent avec passion. Or, ce beau résultat exige
deux conditions : 1°. que l'*instruction soit sollicitée*
par l'élève, et non imposée à l'élève ; 2°. *que le
maître soit chéri* de l'élève, et non repoussé par lui.

Il est incontestable, d'après ce que nous avons
vu, que ces conditions sont pleinement satis-
faites dans le régime harmonien. Dans les Groupes dont ils suivent les drapeaux, les enfans et

les jeunes gens acquièrent des notions scientifiques déjà fort avancées, par les conversations instructives et animées de ceux qui les y précèdent, par la fréquentation continuelle et très-variée d'amis, de collègues, de supérieurs compétens, et par l'action, par la *pratique* elle-même, qui est le meilleur professeur et surtout le meilleur initiateur du monde.

Plus ils apprennent dans les choses qui vont à leurs vocations, plus ils veulent apprendre et savoir. Ces désirs de connaissances, éveillés dans les travaux intelligens et passionnés des Groupes, excités par l'exemple, par l'émulation, par les conversations de chaque jour et de chaque heure ; surexcités par les ardentes rivalités des Séries, par la magique puissance de l'entraînement progressif ascendant, n'accordent ni trêve ni repos à ces jeunes ambitions. Les trophées de nos Miltiade ne laissent pas dormir nos Thémistocle. Il faut apprendre ce qu'ont appris déjà les camarades ! il faut savoir ce que savent les rivaux, les autres Groupes, les Cohortes de la Phalange et des Phalanges voisines ! il faut conquérir ces connaissances qui font tant de supériorité à ceux qui les possèdent ! Ce ne sont plus des théories abstraites, creuses, répugnantes, dont l'enfant ne comprend pas l'utilité, pour lesquelles il ne sent pas en soi de désir, qui ne vont ni à ses goûts, ni à son intelligence, qui ne se rattachent à rien de ce qu'il fait et de ce qu'il aime ! Les théories, maintenant, se présentent à l'élève, familiarisé avec les choses dont elles s'occupent, fortement intrigué sur leurs différens objets, comme des leviers dont il va se servir pour augmenter ses moyens et ses forces; comme des secours puissans dont la bienfaisance est par lui comprise; qui agrandiront la sphère de son activité, et mettront, en étendant encore leur cercle et leur portée, de l'ordre dans ses idées acquises. Il veut perfectionner ce qu'il sait, il veut connaître mieux, il veut apprendre mieux, mieux savoir, apprendre et savoir encore! L'instruction est donc vivement désirée, avidement demandée par tous les élèves, SOLLICITÉE AVEC PASSION dans tous les rangs.

Leurs maîtres, d'ailleurs, ne sont plus de pauvres cuistres qui se sont faits régens par nécessité dure, sans goût, sans vocation, sans amour pour la science et pour l'enseignement, sans affection pour les enfans..... Ce ne sont plus des pédans chagrins et moroses, au front sévère, à la mine refrognée, au nez bourré de tabac, armés de férules et de pensums; tenant classe pour en vivre maigrement et faire végéter leur pauvre famille ; toujours grondant, toujours commandant, toujours punissant, enseignant le plus souvent ce qu'ils ne savent pas; embourbés dans d'inintelligentes routines et y embourbant avec eux les malheureux soumis à leur domination despotique et obtuse ! O le vilain monde que nous avons (en général), dans le bas enseignement surtout, pour allécher nos enfans aux études ! les aimables et gracieux *initiateurs* pour nos enfans ! — Et c'est à ces pauvres malheureux enfans que l'on s'en prend des invincibles répugnances qui leur viennent là, tout ensemble, et des absurdes systèmes d'instruction par lesquels on les torture, et de ce détesté personnel de magisters ignares, stupides et brutaux? de maîtresses d'école radoteuses, rechignées et acariâtres? de vieux cuistres colériques, mâles et femelles, que la joie irrite et qui punissent le sourire? enfin de toute cette kyrielle rogue des pédagogues en *us* et en *ogue,* qui les désolent et les martyrisent *sous prétexte d'instruction !....*

Dieu merci ! mes beaux enfans, la baguette d'or de la Fée d'Harmonie vient de faire disparaître cette triste cohue pédagogique, ces créatures *intra* ou *extra*-universitaires. Vous voilà délivrés de ces figures..... et maintenant que vous sentez le besoin de l'instruction, que vous sollicitez les

leçons de la science, que vous brûlez de savoir;
maintenant, beaux enfans misérablement op-
primés jusqu'ici, pauvres jeunes ESCLAVES à
qui n'ont jamais songé les grands pourfendeurs
politiques du despotisme, les burlesques et farouches champions de la liberté et des *droits de
l'homme;* jeunes générations émancipées, voici,
pour vous aussi, l'ère de la *liberté!* Les DROITS
DE L'ENFANT sont reconnus et sacramentelle-
ment respectés dans les Phalanges..... Enfans,
suivez vos vocations, allez à vos affections saintes
et CHOISISSEZ vos guides, choisissez librement
vos professeurs et vos maîtres.

Vos maîtres, ce seront maintenant d'abord vos
jeunes amis et vos jeunes amies des Groupes, dont
vous reconnaissez passionnément la supériorité
d'habileté et de connaissances : ce seront ensuite
les personnes de tout âge auxquelles vous êtes
affectionnés; de gracieuses dames, aussi bonnes
que savantes, et pleines pour vous de sollicitude
et de tendresse : ce seront encore les Patriarches
de la Phalange, qui voient renaître en vous leur
jeunesse d'autrefois, leurs goûts industriels et
scientifiques, et qui vous lèguent sur leurs vieux
jours les trésors des connaissances amassées dans
de longues vies remplies de grands travaux et de
fécondes études. Tous les âges supérieurs ten-

dent la main à l'enfance et à la jeunesse, et aident à l'envi les générations qui arrivent, à monter les degrés du savoir humain, à entrer dans la noble carrière des sciences, des arts, du développement intégral de l'intelligence. Enfans et jeunes gens! choisissez donc les études qui vous sourient dans l'ensemble des connaissances humaines! et, dans ces intelligentes et habiles cohortes qui vous aiment, choisissez aussi vos instituteurs et vos maîtres; — car maintenant vous êtes LIBRES !

§. II.

LE CORPS ENSEIGNANT.

> Celui qui veut professer et qui a pour lui le talent, la confiance, n'a pas besoin de mendier la protection d'une soubrette de la maîtresse d'un chambellan qui peut parler au roi, et faire obtenir la préférence. Ni le roi, ni les femmes de chambre ne donneront ces sortes de places.   FOURIER.

Quelles belles et nobles fonctions que celles du *Corps enseignant* en Harmonie! Le corps enseignant, dans les Phalanges, est une continuation, un développement supérieur de la maternité et de la paternité. Les pères et les mères ont donné la vie matérielle; le corps enseignant donne la vie de l'esprit, le développement de l'intelligence et des facultés qui constituent l'homme dans sa dignité, qui posent sur son front la couronne royale, le signe glorieux de sa domination sur le monde et de sa parenté avec Dieu, l'auréole de la Science. — Les Institutrices et les Instituteurs sont les mères et les pères spirituels des générations humaines.

« Comment se fait-il donc que les instituteurs tiennent le dernier rang dans la civilisation perfectibilisée; qu'un agioteur, un être malfaisant, ait des revenus de prince, et que le rôle d'instituteur soit partout un metier de forçat, de mercenaire subalterne? Dans nos grandes villes comme Lyon, Bordeaux, les professeurs ont à peine de quoi frayer avec les vendeurs d'allumettes. Qu'il est plaisant de les entendre vanter leur civilisation perfectible, nier que l'on puisse découvrir d'autre société que celle qui réduit les savans à la besace. » *T. de l'A., t.* 2, *p.* 336.

Rien n'est maigre et piteux, en effet, comme le sort de nos régens, professeurs et autres officiers de l'université. A part ce qui concerne un petit nombre d'entre eux, privilégiés quelquefois par des talens très-remarquables, le plus souvent par la faveur et l'intrigue, qui exercent à Paris ou dans les premiers postes des provinces, c'est quelque chose de révoltant que l'exiguité du traitement de ces malheureux régens. Il y a là bien des hommes honorables, laborieux et méritans ; car ce ne sont pas eux, après tout, qui font l'absurde et l'odieux de nos systèmes d'éducation, ni qui en sont les causes responsables ; ils en pâtissent les premiers : leur tâche est des plus dures, des plus monotones et des plus pénibles. (On ne peut pas être impunément l'*instrument* de l'oppression, des douleurs et de l'abâtardissement des générations naissantes.)

Ces pauvres gens sont d'ailleurs le plus souvent chargés de famille ; et comme leur métier est si ingrat qu'il n'est couru que par des nécessiteux, on voit, dans toutes les villes de second et de troisième ordre, en France, ces malheureux prêtres de la littérature et de la science, réduits à des émolumens fort inférieurs à ceux des *rats de cave* de l'endroit, condamnés à vivoter dans la plus étroite lésine, à se tout refuser, à regarder beaucoup pour dépenser une pièce de six liards. La grande majorité du corps universitaire en France joint à peine les deux bouts de l'an, et reste accrochée, la vie durant, à la queue du diable. Ils vantent à leurs élèves l'*aurea mediocritas,* (un peu, il est vrai, comme le bouc faisait fi ! des raisins trop verts ;) mais encore, l'*aurea mediocritas* du poëte épicurien de Tibur, n'est-elle pas cette misère qui sort si piteusement par les coudes percés des infortunés qui traduisent ses vers et les commentent à nos enfans dans les colléges.

Ajoutez à cela qu'ils n'ont aucune garantie,

qu'ils sont livrés sans merci à tous les caprices
du ministère, à toutes les intrigues des bureaux.
Il n'y a pas de loi dans l'université, ou plutôt
il y en a mille dont le chaos permet aux bureaux
de mener tout le personnel comme de la valetaille. Le département de l'instruction publique
est, sans contredit, celui de tous les départemens
ministériels où l'arbitraire est le plus complet;
c'est bien autre chose que dans l'armée; et il
serait peut-être impossible qu'il en fût autrement. Joignez à cela qu'il n'y a pas d'esprit de
corps dans le personnel universitaire, pas de
dignité et de résistance corporative. Chacun de
ces malheureux professeurs et régens est, indi-
viduellement, soumis aux intrigues, aux dénon-
ciations calomnieuses, à mille petites haines
extérieures et intérieures. Tout collége est un
misérable théâtre de jalousies, de délations, de
viles adulations et de tripotages perpétuels.
Un recteur d'académie, un proviseur, le principal d'un collége communal lui-même, sont
autant de pachas au petit pied, soumis à la
verge ministérielle, et s'en vengeant bien sur
leurs inférieurs! Qui a vu clair dans ces régions
universitaires, sait fort bien que c'est un vrai
cloaque de sottise, de pédanterie, d'intrigues et
de bassesses, où les gens honorables sont presque toujours abreuvés de fiel et de vinaigre.

Voilà pour nos instituteurs officiels, brevetés et payés par l'Etat. Il faut encore colloquer ici l'immense catégorie des pauvres curés de campagne, « qui travaillent plus ou moins à former des élèves, les catéchiser en religion, les initier aux élémens des sciences, » et qui sont de beaucoup trop rognés, et mal nantis pour représenter convenablement sur la terre le Dieu splendide qui règne au sein de la magnificence et de l'harmonie des mondes. — Viennent enfin les *magisters,* dont chacun est bien le savant du village, mais qui n'en est pas moins souvent le plus misérable, le plus écourté, le plus piteux habitant.

Voilà au complet notre *corps enseignant* civil et religieux! ôtez-en le ministre de l'instruction publique, les dignitaires qui l'avoisinent, les évêques et quelques officiers universitaires des grandes villes, recteurs ou autres, et voyez ce qui reste.... la misère enrégimentée.

Dans ces tristes conditions, la dignité humaine ne peut pas tenir. Aussi, à côté de quelques caractères nobles et forts, qui savent résister et porter leur sort avec une fierté stoïque et sévère, est-il dans cette cohue de régens, de maîtres d'école, de maîtres de pension et

d'instituteurs civilisés, une quantité de valetaille
aussi souple quand elle devrait être indépendante
et digne, qu'elle est dure et despote là où elle
devrait être bienveillante et souple.... avec les
enfans. La flexibilité de l'épine dorsale, la sotte
et gauche obséquiosité du pédagogue, et sa
platitude infinie, sont en effet proverbiales partout où vit cette espèce minable, qui devient
servile en tyrannisant la faiblesse, et qui fait d'in-
dignes passe-droits en faveur des enfans riches,
pour être quelquefois admise, moyennant force
mensonges adulateurs sur la gentillesse et les
aptitudes des rejetons, à piquer l'assiette chez
les parens, au bas bout de la table.

Ah ! certes, cette position subalterne, ce sort
misérable et ces mœurs sans dignité ne sont pas
la position, le sort et les mœurs du corps enseignant en Harmonie ! Tout cela s'enrichit, se re-
lève et s'anoblit ! En Harmonie, le corps enseignant, industriel, scientifique, littéraire, ar-
tistique, civil ou sacerdotal, est amplement doté ;
on s'accorde à l'environner de la considération
et des honneurs que ses importantes et nobles
fonctions méritent ; d'autant mieux que chacun
peut s'y affilier pour telle ou telle branche de sa
compétence spéciale où il a conquis une juste
réputation. « Chacun, » dit Fourier, « exerçant dans

une quarantaine de Séries, parvient avec le temps
à la perfection théorique ou pratique dans quelqu'une; dès-lors il est fonctionnaire enseignant,
sans avoir besoin de commission ministérielle
ni de protection en cour. Il suffit qu'un individu,
homme ou femme, soit jugé apte à donner l'instruction, pour qu'elle lui soit demandée. Le professorat théorique ou pratique n'est jamais con-
cédé que par l'opinion; les dividendes affectés
à l'instruction sont rétribués par degrés à ceux
qui ont notoirement donné le plus de soin et de
lustre aux leçons et à l'instruction des élèves....
« L'instruction est organisée comme chez les
Grecs, où tout sophiste était libre d'ouvrir
une école, et n'avait d'élèves que ceux que la
confiance lui amenait. » Il est sans doute inutile
de remarquer que cette liberté ne comporte pas
le moindre danger au milieu des contre-poids de
toutes sortes et au sein de l'ordre parfait du régime harmonien.

Donc chacun pouvant parvenir au corps enseignant, chacun comprenant la haute importance de ses fonctions pour la société entière et
pour les siens, chacun se trouve porté à donner
le plus grand lustre à ce corps; c'est à l'unani-
mité qu'il est élevé aux honneurs suprêmes. Au
reste, l'enseignement libre de l'Harmonie est

organisé et hiérarchisé comme tous les autres
services, comme toutes les autres grandes Séries.
« Ainsi, l'instituteur aujourd'hui destitué de ses
ingrates fonctions, soit par défaut de protection,
soit par contre-coup des querelles de parti, obligé
d'être, en Civilisation, le plus rampant et le plus
misérable des hommes, prendra place parmi les
dignitaires les plus honorés et les plus indépen-
dans : il en sera de même des curés et vicaires.
Un curé, dit Fourier, jouira des honneurs et
avantages de Magnat dans la Phalange; un simple
vicaire pourra mener le train d'un évêque d'aujourd'hui.

L'enseignement jouissant de tous les avantages
généraux du procédé sériaire, les maîtres ne sont
pas imposés aux élèves, *ni les élèves aux maîtres.*
Les Groupes se forment, ici comme ailleurs, par
concours d'affections et de convenances mu-
tuelles, par affinités scientifiques et par sympathies caractérielles.

On ne doit pas avoir de peine à comprendre,
après cet aperçu, que le CONCERT AFFECTUEUX *des
maîtres et des élèves* se réalise pleinement en Harmonie; — tandis qu'écoliers et professeurs ne
réalisent d'autre concert, en Civilisation, qu'un
concert de punitions, d'insolences, de mépris,
de colères, de révoltes et de haines....

§. III.

LES MÉTHODES D'ENSEIGNEMENT.

> On nous tient quatre ou cinq ans à entendre les mots
> et les coudre en clauses, encore autant à en propor-
> tionner un grand corps estendu en quatre ou cinq
> parties, austres cinq pour le moins à les savoir bries-
> vement mesler et entrelasser de quelque subtile
> façon.   MONTAIGNE.

Sur cette question la solution doit être prévue par le lecteur. — On annonce chaque jour des méthodes nouvelles; chacune triomphe à son tour, ou du moins vise à la victoire sur toutes les autres et se déclare modestement universelle. Cette prétention est ridicule, même pour les bonnes, et cela est facile à concevoir. Une méthode peut correspondre à telle nature d'esprit, à tel et tel caractère. Elle est excellente pour celui-ci, — c'est justement une raison qui la démontre détestable pour celui-là, dont le caractère est en franc contraste ou en pleine opposition avec l'autre. Puisque les natures et les caractères diffèrent, il faut bien des méthodes différentes. Loin de les réduire, de les éliminer pour en faire dominer une à l'exclusion de toutes les autres, il en faut avoir beaucoup: elles seront toutes bonnes, à la condition d'être offertes à des caractères qui soient en convenance avec elles; tant mieux pour celle qui rendra service au plus grand nombre; elle prendra, sans ruiner les autres, le premier rang en importance; le rang pivotal : le Soleil, pour sa gloire, n'a pas besoin de dévorer les planètes et leurs satellites; bien au contraire, il les échauffe et les éclaire. Ecoutons Fourier sur la question des méthodes; son chapitre n'est qu'une indication, une ébauche, mais il suffit pour ouvrir les idées.

« Je n'en donne ici que neuf (neuf méthodes); j'en ai d'autres égarées dans les manuscrits. C'est une gamme difficile à mettre au net; un seul homme n'y réussirait guère; c'est pourquoi je la réduis au mode simple de sept touches; c'en est assez pour mettre sur la voie ceux qui voudront l'amplifier et l'achever.

Gamme simple en méthodes d'enseignement.

  ⧇ Amorces Locales et Spéciales.

Cardinales.
1. *Analyse directe,*
2. *Analyse inverse,*
3. *Synthèse directe,*
4. *Synthèse inverse.*

Distributives.
5. Cab. *Les progressions composées,* le classement des hommes et des choses en degrés et ordres.
6. Pap. *La méthode ambiante ou hachée,* les parcours et retours; les études multipliées et alternées.
7. Comp. *Les alliages et applications,* le parallélisme composé; les éphémérides, mnémoniques, jeux adaptés.

  ⧇ L'Analogie universelle.

» *Explications.* 1. L'*Analyse directe* ou méthode visuelle.

» Cette méthode comprend les arbres généalogiques, et les tableaux en regard, en ordre composé, présentant par colonnes d'années ou de règnes, les événemens et les individus historiques.

» 2. *L'Analyse inverse* ou méthode alphabétique. Elle comprend les dictionnaires, plus multipliés que jamais ; quelques-uns en ordre composé ou classement de matières : l'encyclopédie méthodique est une *analyse inverse composée*.

» Ces deux méthodes sont généralement approuvées et employées ; personne n'a songé à accuser de ridicule aucune des deux ; elles se prêtent un appui mutuel. Il est surprenant qu'on n'ait pas opiné de même à l'égard des deux méthodes synthétiques, et qu'on ait raillé d'Alembert parce qu'il a eu le bon sens de remontrer son siècle sur l'étourderie qui, depuis 3000 ans, fait négliger la synthèse inverse et prévaloir exclusivement la directe.

» 3. *La Synthèse directe* est, en enseignement comme en histoire, la série des lumières acquises à partir des notions élémentaires, ou la série chronologique partant des âges les plus reculés, pour arriver successivement au temps présent ou au terme d'une période, comme l'histoire du Bas-Empire jusqu'à sa conquête par les Ottomans. C'est la méthode qu'on a toujours suivie en enseignement synthétique.

» 4. *La Synthèse inverse* procède à contre-sens. Elle remonte du présent au passé, ou des connaissances acquises aux élémens de la science ; méthode aussi nécessaire que la précédente, mais inusitée. D'Alembert fut ridiculisé lorsqu'il osa la proposer en histoire. Je dénoncerai plus loin cette prévention des modernes, qui en enseignement admettent les deux analyses et ne veulent pas admettre les deux synthèses. Cependant on les voit tous assister à des expériences de physique, où ils prennent le goût de la synthèse inverse, qui, du spectacle des connaissances acquises, remonte au principe de la science.

» 5. *Les Progressions composées*, qui classent les hommes et les faits par degré d'importance. Par exemple, sur la Série des Rois de France ou d'Angleterre, on peut former divers tableaux gradués :

» Tableaux d'effets politiques, tels que la célébrité, par échelle d'individus et échelle de classes ;

» Tableaux d'effets matériels, comme celui de la durée des règnes, de la proportion des dépenses et autres branches d'administration.

» Cette méthode est cabalistique, en ce qu'elle oppose par premiers et derniers rangs les personnages, et les met en lutte graduée, assignant des premiers et derniers rangs, premiers et derniers ordres. J'ai dû la rapporter à la passion dite cabaliste, qui procède ainsi par Séries contrastées et graduées.

» 6. *Le genre ambiant ou haché*, débutant par un parcours superficiel, puis des retours partiels sur quelques portions de théorie, puis des examens plus approfondis, et des comparaisons de divers traités, gloses, controverses, variantes, etc.

» Cette méthode alternante et papillonnante se rapporte à la 2e. passion distributive, nommée papillonne. Celui qui procède ainsi, a besoin de cumuler plusieurs études sans jamais se borner à une seule. Les écoles civilisées ne sont point en mesure de donner ce genre d'enseignement, et pourtant il est, comme tout autre, nécessaire à certains caractères qui ont la papillonne parmi leurs dominantes. C'est à peu près le seul dont je puisse faire usage.

» 7. *Les alliages et applications;* il en est de plusieurs espèces : les éphémérides présentent des relations qui aident beaucoup la mémoire; les mnémoniques la soulagent quand elles sont ingénieuses, comme celle du vers hexamètre suivant, qui contient en autant de syllabes initiales, tous les noms des conciles œcuméniques :

Ni,co,e : Ca,co,co : Ni,co,la : La,la,la : Lu,lu,vi : Flo,tri.

» Le premier est Nicée ou Nicomédie, le dernier est Trente, *Tridentinum*.

» On emploie pour l'instruction des enfants beaucoup de jeux figurés, jeux de cartes, jeu de l'oie, en adaptant à chacune des cases ou des pièces, un événement, un sujet quelconque.

» A cette méthode se rapportent les parallèles, genre que Plutarque a traité en simple. Je ne sache pas que personne l'ait traité

en composé, par application d'un seul personnage à une masse
d'autres comparativement examinés, et formant la monnaie d'un
caractère *cumulatif*. Ce serait un sujet fort neuf pour un
écrivain versé dans l'histoire ; il deviendrait par ce traité, un
PLUTARQUE COMPOSÉ.

» Par exemple, on peut faire en ce genre un parallèle très-
frappant, de Bonaparte avec un quadrille de Rois de France :

Pivotal.	Quadrille.	Cumulatif.
CHARLEMAGNE.	*Clovis, Louis IX,* *Hugues Capet, Louis XIV.*	} BONAPARTE.

» Les rapports du personnage cumulatif avec Louis XIV et
Charlemagne sont si nombreux et si saillans, que depuis la res-
tauration l'on n'a pas fait entendre le moindre éloge de Louis
XIV, qui auparavant occupait seul la déesse aux cent voix, et
qui, en politique sociale, opérait selon le principe de Bonaparte,
L'ÉTAT, C'EST MOI. Ce n'est guère que depuis un ou deux ans
que ce roi est un peu amnistié.

» J'ai ébauché le parallèle ci-dessus ; il devait former le sujet
de la note H : mais je le supprime, comme touchant aux affaires
de parti, auxquelles je suis étranger, et dont j'aurais parlé en
juge neutre, en analyste fidèle ; c'est un moyen sûr de déplaire
à tous les partis.

» La 7ᵉ. méthode, comprenant ces parallèles composés, etc.,
correspond à la passion dite *composite* ou *exaltante*, 5ᵐᵉ.
des distributives. Cette méthode abrège le travail de mémoire,
autant que les logarithmes abrègent le calcul.

» ⋈ L'ANALOGIE UNIVERSELLE ; méthode indiquée à l'article
Pivot inverse (1). Celle-ci doit s'allier avec les 7 autres,
s'appliquer à chacune, sauf à discerner laquelle ou lesquels des
7 conviennent à un caractère : en y ajoutant le secours de l'analogie, on peut conjecturer que le progrès de l'élève sera triple
en rapidité.

(1) *Tr. de l'As.*, t. 1, p. 497.

» ⚔ En *transition*, j'ai placé une méthode vague, dite *amorce locale* et *spéciale*. Elle consiste à faire usage des bizarreries et écarts de règles qui peuvent exciter l'attention. Cette méthode irrégulière devient bonne, pourvu qu'elle réussisse à intéresser et stimuler. C'est à l'instituteur à savoir discerner les irrégularités convenables à chaque élève, les transitions opportunes qui réussiront à éveiller la curiosité.

» Par exemple, Nisus âgé de 14 ans n'a pas de goût pour l'étude de la géographie, mais il s'intéresse vivement à une guerre où se trouve son père, et dont chaque jour les gazettes apportent les détails. Il faut lui en faire suivre les opérations sur la carte, jour par jour, en pointant avec des épingles les positions d'armées. Ce sera un procédé de transition ou amorce locale et spéciale. Quand il connaîtra ce pays, quand il s'y sera intéressé, il faudra savoir l'exciter à l'étude de la sphère entière, étendre sa curiosité aux régions vicinales, et de proche en proche à toute la mappemonde.

» Laquelle des 7 méthodes faudra-t-il appliquer? Ce ne sera pas celle des civilisés, l'analyse directe, qui décompose progressivement de l'ensemble aux parties; rien n'est moins engageant pour les élèves; on en rebute les 9/10 si on leur présente la sphère armillaire et ses cercles : on les rebute plus facilement encore par la synthèse inverse, qui enseigne les distributions capricieuses et ridicules faites par la politique.

» Peut-être on les amadouerait par un mélange des deux synthèses, de l'inverse ou division politique, avec la directe ou distribution des bassins; genre d'enseignement inconnu aujourd'hui : et peut-être faudrait-il combiner avec cette étude par bassins, un aperçu de géologie, ou autres *amorces locales et spéciales*.

» Le but étant de créer un germe d'intérêt chez l'étudiant, et de développer ce germe par des moyens quelconques, toujours bons s'ils réussissent à passionner pour l'étude, on ne voit pas de quel motif peuvent s'appuyer les civilisés en proscrivant telle ou telle des 7 méthodes. Au dernier siècle, on blâma d'Alembert sur ce qu'il conseillait l'emploi de la synthèse inverse en étude de l'histoire. On lui reprochait *de vouloir détruire le charme de l'histoire, et porter la sécheresse mathématique dans les méthodes d'enseignement.*

» Étrange prévention ! aucune des 7 méthodes ne porte la sécheresse. Elles sont toutes utiles, sauf application aux caractères faits pour les goûter ; et le système d'enseignement ne sera pas intégral, si on ne les emploie pas toutes : il restera beaucoup de caractères qui ne voudront pas mordre à l'hameçon, et qu'on accusera de nonchalance, d'impéritie, quand le tort sera tout entier du côté des méthodes inconvenantes.

» Appliquons cette règle à l'histoire de France, la plus insipide peut-être qu'il y ait au monde ; car jusqu'au règne de François Ier., on y rencontre à peine un dixième des personnages ou des événemens qui puisse exciter quelque intérêt ; et par cette raison, il convient de la faire étudier selon l'avis de d'Alembert, en synthèse inverse remontant du présent au passé. Jamais on ne réussira d'emblée à fixer l'attention sur Pharamond, Clodion, Mérovée et Childéric ; non plus que sur une galerie de monarques insignifians, comme

Louis-le-Bègue,	Charles-le-Simple,
Louis-le-Gros,	Charles-le-Gros,
Louis-le-Hutin,	Charles-le-Chauve,
Louis-le-Fainéant,	Philippe-le-Long,

et tant d'autres de même force, parmi lesquels deux ou trois exceptions, comme CHARLEMAGNE, attestent la fadeur générale du sujet.

» Pour intéresser un élève, il sera plus prudent de commencer par les derniers rois. et remonter jusqu'à François Ier. Ici, d'Alembert et sa méthode inverse auront gain de cause ; puis, pour amorcer à l'étude des règnes antérieurs, il faudra recourir à d'autres voies, comme parallèles, éphémérides, contrastes. L'échelle inverse, ou marche rétrograde, n'aurait plus d'attrait au-delà de François Ier.

» Au sujet de ces méthodes, applicables à l'histoire de France, remarquons le tort des Français, qui ont raillé d'Alembert pour avoir proposé la plus convenable à l'histoire de leur pays. Tel qui ne s'intéressait ni à Philippe-*le-Long* ni à Pepin-*le-Bref*, s'intéresse au roi existant, et par suite à son père, à son aïeul; de proche en proche on l'amènera facilement à étudier le règne de Louis-le-Grand, qui, après avoir tant guerroyé et fatigué le monde, n'a su pousser sa frontière qu'à 24 heures de sa capitale, sans pouvoir atteindre seulement à ses limites naturelles, Biesbos; Meuse; versans de Roër, Kill et Sarre; Vosges; Jura; Léman; Alpes et Pyrénées (dont l'Espagne a gardé trois grandes vallées en versant français).

» L'intérêt que ce règne doit exciter sous d'autres rapports, se reportera sur les règnes également fameux par les guerres et conquêtes inutiles, comme ceux de Charlemagne et Louis IX. La synthèse inverse est donc, quoi qu'on en dise, une méthode fort utile, et très-opportune en sujets arides, si elle est soutenue de parallèles composés.

» Il est vrai que d'Alembert en la proposant eut un tort; il aurait dû se signer D'Alembertingham ou D'Alembertendorff; moyennant cette précaution, son avis aurait été déclaré un trait de lumière. Si l'on veut faire tomber dans l'oubli une idée heureuse, il suffit de *la faire présenter en France par un Français.*

» On verra au traité des caractères, que moitié d'entre eux étant d'ordre inverse, en majeur comme en mineur, cette moitié incline à préférer les méthodes inverses, comme celle que proposait d'Alembert. Ceux qui opinent exclusivement pour l'une ou l'autre, sont également dans l'erreur, toute voie étant la meilleure quand elle réussit à créer l'émulation, rendre l'étude attrayante et profitable.

» Si nous avions à prononcer sur les procédés contraires de deux pêcheurs, dont l'un attraperait les poissons par la tête et l'autre par la queue, chacun de nous dirait: je donne la préférence à celui qui apportera le plus de poisson; pris de tête ou de queue, peu importe, pourvu qu'on le tienne; et si tous deux en prennent une ample quantité, laissez-les pêcher chacun à sa guise : on paralyserait l'un des deux, en l'astreignant à imiter le procédé de l'autre.

» La règle est la même en fait d'enseignement. Qu'on prenne la science en tête ou en queue, peu importe, pourvu que l'étudiant la saisisse. Or, il est certain qu'en histoire moderne, la science prise en queue, en synthèse inverse, intéressera mieux que si l'on débutait par l'origine des empires actuels, dont les premiers âges sont si insipides à la lecture, qu'il est impossible qu'un enfant y prenne le moindre intérêt.

» Pourquoi donc proscrire ni la synthèse inverse, ni aucune autre méthode? L'institution doit les varier selon les caractères des étudians, selon les doses d'intérêt que peut exciter chaque sujet traité.

» Ce serait maladresse d'employer une méthode unique pour enseigner les histoires ancienne et moderne : l'intérêt est vif d'un côté et nul de l'autre. L'enfant retient aisément les histoires anciennes, parsemées de merveilleux et de monstruosités. Au moyen de cet alliage, le crime est composé et noble chez les anciens; il est trivial et simple chez les modernes, où le merveilleux ne figure jamais.

» De-là vient qu'un lecteur, à moins d'intérêt spécial, ne parvient que difficilement à retenir quelques parcelles de l'Histoire de France primitive, et que loin d'être fondé à proscrire dans cette étude la synthèse inverse, il faut l'y introduire, étayée des trois méthodes 5, 6, 7 et autres, que l'Harmonie emploiera concurremment; évitant le mode exclusif et simple qui se fixe au procédé d'un sophiste en crédit, le généralise dans les écoles, et le proscrit peu après, pour substituer au gré de quelqu'autre sophiste un mode également vicieux, par cela seul qu'il est exclusif.

» Cette manie exclusive du monde savant s'est malheureusement étendue des parties au tout. Sur l'ensemble des études sociales, ils ont exclu la moitié la plus intéressante, celle de l'avenir ou des destinées. Les regards de la science ne se portent que sur le passé ; elle s'extasie devant quelque vieille pierre qui date du déluge, devant quelques antiquailles inutiles, comme le zodiaque de Denderah, d'où on ne tirera pas la moindre connaissance utile au bonheur des sociétés.

» Absorbée dans ses explorations rétrogrades, elle néglige toute recherche ultrograde : on a même frappé de ridicule cette étude, qui, si on l'eût traitée régulièrement, aurait conduit bien vîte à la découverte de quelque branche de destinée, au moins du garantisme, 6°. période. On aurait conclu à cette recherche, du moment où la science aurait su constater l'abîme où court le monde civilisé.

» On a vu que loin de pencher pour l'exclusivité de méthode, en enseignement, ni en cultures, les Harmoniens ménageront, dans chaque Phalange, l'emploi des 7 méthodes unies à celles de pivot et transition, sauf à en appliquer à chaque sujet ce qui sera adapté à ses moyens naturels.

» De cet assortiment de méthodes naîtra *l'intégralité spirituelle* d'enseignement. On y joindra *l'intégralité matérielle ;* 1°. par les ouvrages (1), dont on meublera la bibliothèque minime (destinée à l'enfance) ; 2°. par le concours de lumières et de centénaires instruits en tous genres, et qui abonderont dans les divers cantons.

» Cette réunion complète de moyens matériels et spirituels élèvera dans chaque Phalange l'enseignement au degré INTÉGRAL COMPOSÉ ; perfection très-supérieure à celle que peuvent offrir aujourd'hui les capitales de Paris et Londres, où l'enseignement est à une distance infinie du degré intégral composé. Au reste, il n'est qu'au berceau tant qu'on ignore la voie des progrès rapides, l'analogie des substances avec les passions, PIVOT INVERSE.

____

(1) *Tr. de l'As.*, t. 2, p. 131.

On comprend facilement que ces diverses sortes de méthodes sont applicables aux objets les plus divers des connaissances humaines. D'autres méthodes leur seront d'ailleurs adjointes, et nous répétons que l'on ne doit voir ici qu'une indication, un simple aperçu. Le sujet est des plus vastes et des plus féconds.

Terminons en disant que le PROCÉDÉ GÉNÉRAL D'ENSEIGNEMENT dérive toujours de la loi sériaire, et que la science se distribue progressivement, en échelle graduée, des maîtres aux derniers Groupes des élèves.

« Parmi nous, les enfans envoyés à une école, sont confondus pêle-mêle sans classement. Lorsque cent étudians fréquentent un cours, il faut que le professeur abonde à servir et endoctriner toute cette pétaudière, dont les 3/4 au moins sont incapables de raisonner avec lui, et qui pis est, n'en ont aucun désir. Il peut s'en rencontrer une dizaine de bien disposés : c'en serait assez, car un professeur ne doit jamais avoir plus de 8 à 10 élèves ; il est matériellement impossible qu'il donne des soins efficaces à une réunion qui excéderait la douzaine.

» Les sybils et sybilles d'Harmonie (1) n'admettront que ce petit nombre de disciples titrés pour la conférence individuelle. Ensuite l'instruction se distribuera par degrés, par des pro-sibyls et sous-sibyls, qui, aspirant aux grades supérieurs, et reconnus aptes à donner l'enseignement de 2e., 3e., 4e. degrés, jouiront déjà d'une répartition sur le dividende alloué au corps sibyllin.

(1) Nom générique donné par Fourier aux membres du corps enseignant.

» Nos écoles n'admettent pas cette échelle progressive et sociétaire d'instituteurs. Callisthène est chargé d'enseigner la rhétorique ; il en doit enseigner seul toutes les branches ; il n'a pas dans son école de vice-professeurs et sous-professeurs co-intéressés comme le sont les entrepreneurs d'un pensionnat. L'Harmonie établit cette graduation en toute espèce d'enseignement, sur les cultures et manufactures comme sur les sciences et arts.

» Le *mutualisme d'enseignement* doit, pour être intégral, s'étendre aux plus petits enfans ; c'est-à-dire que, parmi les bambins mêmes, il doit exister déjà de petits sibyls titrés, aptes à donner l'enseignement à de moindres bambins, et passionnés pour ce genre de travail, qui sera plus fructueux de la part des enfans que de la part des hommes faits, conformément aux lois du charme corporatif ascendant.

» Dans notre civilisation perfectibilisée, un professeur mesquinement soldé et recevant tout-à-point autant de traitement qu'il en faut pour ne pas mourir de faim, est obligé de suffire à une cinquantaine, à une centaine d'étudians. Qu'arrive-t-il ? Qu'il leur donne des leçons superficielles, expéditives. Chacun de part et d'autre ne s'occupe qu'à éluder la tâche, et n'attend que l'épuisement du clepsydre. La plupart n'écoutent pas le professeur, qui de son côté s'inquiète fort peu si on l'écoute : il en donne au public pour son argent. Désordre inévitable dans tout système où l'instruction n'est pas sollicitée comme faveur, et progressivement distribuée.

» Par contre, les leçons, en Harmonie, sont d'autant plus fructueuses *en tous degrés*, que les maîtres étant nombreux, se bornent à quelques élus qu'ils affectionnent, et que les élèves sont en affinité avec les maîtres et avec la science. »

On sent qu'au sein des conditions si fécondes, si heureuses de l'Education des Phalanges, la richesse et la puissance du système et des méthodes D'ENSEIGNEMENT dont nous venons de donner une idée, réaliseront dans des générations aux corps sains et vigoureux, aux intelligences ouvertes, alertes et fortes, aux âmes ardentes et passionnées, des prodiges d'instruction, des merveilles de progrès et de développemens intellectuels. Un enfant de douze à quinze ans, d'aptitude ordinaire, élevé en Harmonie, déconcerterait nos pédans d'aujourd'hui, comme Jésus à cet âge embarrassait, dans le temple, les docteurs de la loi; bien peu de nos vieux savans actuels pourraient lutter avec nos jeunes gens, en variété, en étendue, en solidité et surtout en *bonne qualité* de connaissances.

Cette considération de la *qualité des connaissances* mériterait un chapitre à part. Aujourd'hui on a bien l'esprit de faire l'apologie de l'enseignement universitaire, par cela, dit-on, qu'il distribue les connaissances *nécessaires* pour entrer dans certaines professions, barreau, médecine, magistrature, etc..... Et en quoi la grande majorité des sottes études de vos sots colléges sont-elles donc nécessaires dans ces professions ? Elles sont *nécessaires* là, parce que vous avez décrété dans votre sagesse et dans votre routine, *qu'il faut les posséder pour y pouvoir entrer.* A ce compte, vous prouveriez aussi la nécessité de savoir esca-

moter la muscade, danser sur la corde, marcher
sur les mains, faire la roue, avaler des serpens
et des épées nues, pour les professions et les places
de magistrat, député, diacre et archevêque !....
Vous n'avez qu'à faire, de ces aimables talens,
une condition d'admission aux places que nous
venons de dire. — Quelle pitoyable argumenta-
tion ! légitimer un vice parce que c'est un autre
vice qui l'impose ! Ceci rappelle l'explication des
races malfaisantes de la création, desquelles d'honnêtes gens tenant à justifier le bon Dieu, n'ont
rien trouvé de mieux à dire en sa faveur, sinon
que sa bonté avait créé cette mauvaise race que
voici, pour qu'elle dévorât la mauvaise que voilà,
et ainsi de suite : — ce qui ne les empêche d'ailleurs pas de vivre toutes ici-bas et de nous jouer
chacune de fort vilains tours ;... —et cela sera
très-justement ainsi, jusqu'à ce que, au lieu de
continuer à nous dévorer les uns les autres, à
leur exemple, nous avisions enfin à mettre quelque peu d'ordre dans les affaires de notre planète.

Ne finissons pas sans dire que les champions
officiels de l'université, sont maintenant obligés
d'abandonner eux-mêmes la cause de leur absurde enseignement, de la façon la plus amu-
sante. Ils n'osent plus, en effet, le soutenir pour
sa valeur propre et comme *but ;* ils cherchent à

le défendre comme *moyen*. — Et comme moyen
de quoi? direz-vous, lecteur. Car enfin, s'ils
avouent que ces misères du rudiment, ces haillons
grecs et latins, n'ont pas de valeur réelle, à quoi
bon faire perdre à leur propos huit et dix belles et
bonnes années de la vie, sacrifiées à ces méchantes
broutilles? A quoi bon abreuver la jeunesse de
répugnances, de dégoûts, et l'hébéter, en la nour-
rissant continuellement et sans pitié de ces nauséabondes déjections du passé, puisqu'ils avouent
qu'elles sont inutiles?— A quoi bon, cher lecteur?
— Il paraît que c'est pour former l'esprit et le
cœur de la jeunesse !

Les enfans d'Harmonie n'eussent-ils sur nous
que le bénéfice du retranchement de la plus
grande partie des choses universitaires, ils nous
en seraient déjà cinq fois supérieurs. Qui a fait
sur nous, en tant qu'hommes et que caractères,
en force de corps, en largeur, en portée et en
vigueur d'esprit, la supériorité des Grecs et des
Romains? Eh, bon Dieu ! c'est d'abord que leur
éducation était plus gymnastique ; c'est qu'ensuite, Grecs et Latins qu'ils avaient le bonheur
de naître, on n'avait pas pu imaginer de les
abrutir dix ans, comme nous, sur l'étude universitaire du grec et du latin.... On les élevait
pour leur pays, pour leur état social, pour leurs

mœurs. Ces anciens n'énervaient pas leurs générations par de mortelles indigestions d'une in-
digeste antiquité; leur jeunesse en était aux
choses, on a mis la nôtre aux *mots :* voilà tout le
secret de leur supériorité.

Au reste, qu'on ne s'y trompe pas : si nous
prenons à partie l'éducation universitaire, c'est
que cette éducation est ce que nous avons de
mieux aujourd'hui. Ce n'est pas au profit de ses
adversaires que nous faisons la critique de l'Université. C'est la meilleure éducation civilisée, que
nous voulons mettre en regard de l'éducation
harmonienne. Nous entendons combattre le système de l'éducation civilisée dans sa forme la
mieux organisée, la plus forte et la plus complète. Tous nos systèmes d'éducation propagent
et perpétuent dans les générations la débilité,
l'hébétude et l'impuissance, indépendamment
de toutes les pédanteries des vaines éruditions et
des sciences de mots qu'ils mettent en crédit au
détriment de la belle et bonne science de la vie,
du monde et des choses. L'ennui attaché fatale-
ment aux études actuelles; l'extravagance de ces
systèmes qui fatiguent, qui obsèdent, qui exténuent, pour des misères intellectuelles répugnantes, le cerveau des enfans et des jeunes gens;
l'insuffisance des exercices physiques; la priva-

tion des joies vives et franches, des travaux ma-
nuels exécutés avec passion, au grand air, ou
dans des ateliers salubres, décorés et pourvus
de tout ce qui convient aux goûts de l'enfance et
de la jeunesse ; l'oppression enfin au moyen de
laquelle seulement on peut maintenir les élèves
sous ce régime monstrueux et contre nature,
engendrent généralement dans les colléges, dans
les pensions, même et surtout peut-être dans les
petits séminaires, comme dans les prisons et les
bagnes, des vices monstrueux et contre nature...
Vous voulez priver ces enfans des joies, des développemens et des plaisirs de leur âge, vous
leur imposez de monotones, de froides et de
stériles études, qui ne conviendraient pas même
à des vieillards au sang glacé ; eh bien ! les beaux
enfans que les mères vous donnent, sont bientôt des vieillards usés et rachitiques.... Vous la-
bourez et vous ensemencez le champ des dévia-
tions ! vous y faites pousser avec une effrayante
précocité les fleurs empoisonnées du vice, ces
fleurs pâles et livides, qui cachent dans leur sein
la maladie, l'imbécillité, la mort.... Toutes les
pensions, tous les colléges, presque sans exception, sont des lieux infectés où la race humaine
s'étiole, où la santé se gâte dans ses sources vives,
où le mal qui attaque l'enfance civilisée et la ra-
vage, est aujourd'hui plus que jamais contagieux

et terrible, où plus que jamais, enfin, les mères doivent trembler de laisser leurs fils et leurs filles....

Pour vos enfans donc, mères qui les aimez, pour les corps que l'on exténue, pour les intelligences que l'on obsède, pour les âmes que l'on flétrit, sonnez la charge, accourez à la guerre sainte !... ou plutôt, puisque nous n'avons pas à briser, mais à fonder, laissons-là notre expression de guerre : venez, venez bâtir les Phalanges heureuses où vos fils désormais seront habiles, robustes, savants et toujours joyeux. L'éducation actuelle est pour vos enfans une nourrice au lait corrompu. Mères! hâtons-nous de changer la nourrice.

Et vous, professeurs et régens civilisés, qui, pour un chétif salaire, tenez en main la verge et traînez la chaîne de l'instruction publique ou privée, vous tous, instituteurs infortunés, qui semez la science et récoltez le mépris et la misère, c'est vous qui allez bientôt avoir un sort auquel vous ne vous attendiez guère ! Quand on va multiplier les Phalanges, il va falloir dégrossir les masses, les initier dans chaque canton à l'orthographe, à la syntaxe, à la littérature, aux sciences, etc. Ce que sait la majorité d'entre vous suffira dans les premiers temps; vous en apprendrez un peu plus ensuite, et d'ailleurs vous serez bons à mille choses autres que l'enseignement. Quelle vie vous allez mener! Vous allez être recherchés, courus, disputés par les Phalanges. Un cuistre, dans les débuts de l'Harmonie, se payera au poids de l'or; jugez du taux des vrais savans! — D'ailleurs, qu'est-il besoin de ces considérations personnelles, pour décider les hommes intelligens et honorables, qui sont encore nombreux dans les bagnes de l'enseignement? Ceux-là, dont seulement nous recherchons le suffrage, connaissent mieux que personne la malfaisance de nos systèmes; ils font chœur avec nous pour les stigmatiser : par amour de la science et de l'humanité, ceux-là seront assurément les premiers convertis, et les plus fervens apôtres. *Sursum corda!* Délivrons les enfans! Et les enfans de nos enfans nous béniront dans les siècles.... Quelle belle et noble gloire, que d'avoir bien mérité de l'enfance!

NOTE

SUR LA LANGUE UNITAIRE ET SUR L'ENSEIGNEMENT NATUREL
DES LANGUES EN HARMONIE.

> *Vous avez beau dire en cent langages différens*
> *qu'il pleut, ce n'est toujours que de l'eau qui*
> *tombe.*   UN GASCON.

Nota. Comme les plus mauvais argumens sont justement
ceux auxquels nous devons nous attendre, ne laissons pas aux
esprits forts qui soutiennent l'éducation actuelle, un joint où
engager une objection absurde. Voici ce qu'ils diraient, si nous
n'y mettions bon ordre : ils crieraient que nous sommes des
barbares, des *utilitaires*, des *mathématiciens*, des vandales ;
que nous ne comprenons pas Homère, que nous méprisons Horace, Virgile et la docte antiquité ; que nous voulons proscrire
la poésie, le bon goût, les belles études, les belles fleurs an-
tiques..... — Ta, ta, ta, ta.... et qui vous parle de cela, Mes-
sieurs ? Oh ! vous voudriez bien que nous tinssions ce langage !
Comme vous nous larderiez de votre esprit, si acéré quand vous
en aiguisez la pointe sur une phrase de Cicéron, sur un penta-
mètre de Perse ou de Juvénal, — que je voudrais voir tous
deux un moment à vos trousses ! — mais nous ne vous donne-
rons pas cette petite récréation.

D'abord, nous ne proscrivons rien, nous ne prescrivons rien,
et nous n'imposons rien. Nous disons simplement qu'il est temps
de mettre le génie humain en liberté, et de cesser l'abrutisse-
ment et la débilitation de l'enfance, que l'on poursuit si mé-
chamment sous prétexte de lui orner l'esprit. Les chefs-d'œuvre
de l'antiquité seront beaucoup plus généralement connus et
beaucoup mieux appréciés en Harmonie, qu'ils ne le sont sous

votre régime. Il suffit d'avoir passé par vos colléges pour être dégoûté de Virgile et d'Horace, et fuir au seul nom des poètes charmans que vous avez eu l'art de nous rendre si fastidieux et si insipides. De grâce, ne vous constituez point avec tant de chaleur les avocats de ces beaux génies; calmez-vous : vous avez pour leur gloire vraiment trop d'ardeur, et nous doutons un peu qu'ils vous témoignassent grande satisfaction, s'ils avaient occasion de connaître ce que vous avez bien voulu faire pour eux.

L'Harmonie possédera une langue universelle, plus riche que ne sont aujourd'hui toutes les langues du monde ensemble. Le chaos des langues convient au chaos social. Quand les peuples sont isolés, parqués dans d'étroites nationalités, dans des coutumes et des mœurs appartenant à tous les degrés de la subversion, les uns sauvages, les autres barbares, ceux-ci patriarcaux, ceux-là civilisés; quand, au lieu d'une magnificence de Variétés, ralliées dans la grande Unité supérieure de l'espèce constituée dans sa force et dans sa puissance, ils ne composent que des fragmens hétérogènes, hostiles les uns aux autres; quand les nations désunies se haïssent, se pillent, s'égorgent, et reproduisent en grand l'anarchie que le principe du Morcellement établit dans le sein de la Commune et de l'État; dans un pareil tohubohu social, ce n'est pas merveille sans doute qu'il y ait autant de langues divergentes que d'intérêts opposés et divergens. Chaque nation, chaque peuplade s'enclot dans sa langue, qui l'isole intellectuellement et affectivement des autres, comme une frontière armée. Chaque province, chaque village même a son patois. Cela est fort bien pour le Morcellement : mais en Harmonie, c'est autre chose; et l'unité de langage, comme les unités industrielles, politiques, administratives, religieuses, etc., se déploie sur le Globe entier : la langue harmonique universelle est le VERBE de l'Humanité constituée dans sa loi de vie, dans son Unité.

Toutes les langues fragmentaires engendrées çà et là dans les étroites et fausses conditions du Morcellement, sont des instrumens intellectuels essentiellement faux et incomplets. La langue unitaire, correspondant à la manifestation intégrale du génie de l'Humanité, jouira pleinement du caractère d'omnimodalité. De là vient que les manifestations de l'esprit humain, écloses dans l'une quelconque de nos langues parcellaires, ne peuvent être, sans mutilations et déformations, traduites dans les autres langues, resserrées chacune dans son génie exclusif; tandis que ces mêmes œuvres trouveront à se produire admirablement, au contraire, sous les formes pantologiques de la langue unitaire, et sans rien perdre de leur caractère authocthone.

Ainsi, tout inondée qu'elle sera de créations et de chefs-d'œuvre nouveaux, au sein des conditions toutes puissantes de l'Harmonie, l'Humanité ne perdra pas, pour autant, le petit nombre des chefs-d'œuvre anciens. — Les archéophiles futurs seront parfaitement libres, d'ailleurs, d'étudier les langues anciennes, bien que la masse ne perde plus alors son temps à apprendre ces vieilles conventions sonores abrogées.

Avant la découverte et la formation de la langue naturelle unitaire, on adoptera une des langues actuelles, qu'il faudra enseigner dans les Phalanges et dans les armées industrielles. Quant aux autres langues modernes et aux langues anciennes, qui en aura le désir les apprendra avec facilité. Ce n'est plus, en effet, la méthode des rudiments. Les paléoglottes et les hétéroglottes se forment en Séries et en Groupes d'hellénistes, de latinistes, de germanistes, de britannistes, etc., dont les membres peuvent se réunir pour des études, des lectures, des parties de plaisir ou d'industrie, mais qui se voient surtout fréquemment à table. Dans ces réunions spéciales, toute autre langue que celle du Groupe est interdite; si bien que les enfans et les jeunes gens acquièrent, dans les Phalanges, la connaissance des langues mortes ou étrangères, avec la même facilité que l'on apprend sa langue naturelle. De cette sorte, il pourra être curieux de voir, dans la Phalange d'essai, des enfans, *sans y songer*, plus instruits en grec et en latin, au bout de six mois, qu'on ne l'est aujourd'hui après six longues années consacrées dans les colléges à l'étude *exclusive* de ces langues.... et des enfans pleins de santé, heureux, joyeux, habiles à mille travaux, et, outre les mots, sachant bien des choses.

Voyez avec quelle prodigalité merveilleuse la SÉRIE jette des roses et des épis partout où la Civilisation n'a su faire pousser que d'inextricables ronces aux épines douloureuses !

— — — —

Nous avons fait connaître les principes, les moyens et les méthodes de l'éducation harmonienne ou naturelle. Ces méthodes s'appliquent à tout élément et initient l'enfance à l'ensemble des carrières. Cependant si, en montrant comment se développent les vocations, les facultés et les talens de nos enfans, nous avons déjà dépassé de beaucoup les termes ordinaires du problème de l'éducation, il ne nous en restera pas moins une tâche plus élevée encore à remplir, en montrant comment se forment les caractères, comment se développent dans les cœurs des jeunes générations harmoniennes les sentimens les plus purs et les plus hautes vertus sociales.

FIN DE LA 1re. LIVRAISON DU 3e. VOLUME.